herzhafte Glücks-Momente

SARAH ZAHN

Herzhafte Glücksmomente

Gutes Essen kann glücklich stimmen. Das habe ich bereits in meinem ersten Buch „Glücksmomente backen" zu zeigen versucht. Damals ging es vor allem um süße kulinarische Genüsse. Aber auch herzhafte Gerichte können uns glücklich machen und unsere Stimmung aufhellen. Ob wir uns nach einem anstrengenden Arbeitstag mit einer köstlichen Kleinigkeit belohnen oder aber für die Lieben groß auftischen, ob zum geselligen Spieleabend, zum romantischen Essen zu zweit oder der Einschulung – in diesem Buch widme ich zahlreichen Anlässen jeweils ein Rezept, das die erlebten Momente zelebrieren soll. Von der kleinen würzigen Leckerei als Dankeschön bis zum großen Dinner kochen und backen wir uns unsere herzhaften Glücksmomente. Die Gerichte müssen nicht immer kompliziert sein, sie sollen aber den Liebsten und uns selbst schmecken! Also denkt daran: Eine Extraprise Liebe verfeinert jedes Rezept und macht es zu eurem persönlichen Liebling.

Eure

Sarah Zahn

INHALT

Für uns

Basisrezepte

VORLAGEN-DOWNLOAD

Die Vorlagen für die Topper, Banderolen und Etiketten in diesem Buch stehen in der Digitalen Bibliothek unter **www. topp-kreativ.de/digibib** nach erfolgter Registrierung zum Ausdrucken bereit. Den Freischaltcode findet ihr im Impressum.

Hefeteig

Ist gelungener Hefeteig wirklich eine Frage des Glücks?
Keineswegs. Mit diesen Rezepten und Tipps gelingt dir
der herzhafte Hefeteig gewiss.

Herzhafter Hefeteig

Für 1 Backblech

7 g Trockenhefe
250 ml lauwarmes Wasser
1 TL Honig
450 g Weizenmehl
  (Type 550)
1 TL Meersalz
50 ml Olivenöl

1 Die Hefe in einer Schüssel mit Wasser und Honig verrühren und abgedeckt zehn Minuten ruhen lassen, bis sich Bläschen bilden.

2 Das Mehl mit dem Salz in einer großen Schüssel mischen. Olivenöl und Hefemischung zugeben und alles gut verkneten. Abgedeckt mindestens 60 Minuten gehen lassen. Dann weiterverarbeiten.

6

TIPP 1
Durch kräftiges Kneten bildet der Hefeteig genügend Gluten, was später für eine besonders lockere Konsistenz sorgt. Ist der Teig zu klebrig, knete noch etwas Mehl ein.

TIPP 2
Du kannst den Teig auch am Vortag mit der Hälfte der Hefe zubereiten, eine Stunde an einem warmen Ort gehen lassen und dann über Nacht abgedeckt in den Kühlschrank stellen. Am nächsten Tag 30 Minuten vor der Weiterverarbeitung aus dem Kühlschrank nehmen.

Burger-Brioche

1 Die Hefe in einer Schüssel mit Zucker, Wasser und Milch verrühren und abgedeckt zehn Minuten ruhen lassen, bis sich Bläschen bilden. Mehl, Salz und 90 g Butter in einer großen Schüssel krümelig verkneten. Das Ei und die Hefemischung zugeben und alles zu einem homogenen Teig kneten. Den Teig mit 1 TL Butter einreiben und abgedeckt in der Schüssel an einem warmen Ort zwei Stunden gehen lassen.

2 Den Teig kurz durchkneten und zu einer länglichen Rolle formen. Die Rolle in acht bis zehn gleich große Stücke schneiden. Die Teiglinge zu Kugeln formen, mit 1 TL Butter einreiben und mit Abstand auf ein mit Backpapier ausgelegtes Backblech setzen. Locker abdecken und nochmals ein bis zwei Stunden gehen lassen.

3 Den Backofen auf 190 °C Umluft vorheizen. Eigelb und Milch in einer Schüssel verquirlen, die Brötchen damit bestreichen und mit Sesam- oder Mohnsamen bestreuen. 15–17 Minuten goldbraun backen.

Für 10 Brötchen

7 g Trockenhefe
2 EL Zucker
110 ml lauwarmes Wasser
110 ml lauwarme Milch
480 g Mehl (Type 550)
1 TL Salz
90 g Butter, weich,
  plus 2 TL zum Einreiben
1 Ei, zimmerwarm
1 Eigelb
1 EL Milch
Sesam- oder Mohnsamen
  zum Bestreuen

TIPP 3
Pizza, Flamm-
kuchen oder Focaccia
werden besonders knusprig,
wenn das Blech vorher im
Backofen erhitzt und der
Teig mit dem Backpapier
erst dann aufge-
legt wird.

Pieteig

Dieser Teig passt perfekt zur Quiche und dient auch kleinen Tartelettes als leckere Hülle. Und für den Snack zwischendurch backst du den Teig mit Kräutern verfeinert zu knusprigen Crackern.

Für 1 runde Form (ø 26 cm)

200 g Mehl (Type 550)
90 g Butter, kalt,
 plus etwas für die Form
1 TL Salz
1–2 EL Crème fraîche

1 Mehl, Butter und Salz in einer Schüssel zu einem homogenen Teig verkneten. Crème fraîche unterkneten. In Frischhaltefolie gewickelt im Kühlschrank mindestens 30 Minuten ruhen lassen.

2 Den Teig zwischen zwei Lagen Backpapier 3–4 mm dick ausrollen, in die gefettete Form legen, andrücken und mit einer Gabel einstechen.

Den Teig blind backen

Wenn du den Boden besonders knusprig möchtest, kannst du ihn „blind" vorbacken. Dazu auf den Teig in der Backform ein Stück Backpapier legen und leicht andrücken. Auf dem Backpapier Backlinsen (getrocknete Kichererbsen oder Keramiklinsen) verteilen. Den Teig im vorgeheizten Backofen bei 180 °C Umluft 10–15 Minuten vorbacken. Backlinsen und Backpapier entfernen und den Boden weiterverarbeiten.

TIPP
Die Hälfte des Mehls kannst du durch fein gemahlene Nüsse oder Mandeln ersetzen. Den Teig kannst du problemlos auch einfrieren.

8

Pastateig

Wenn es schnell gehen soll, kannst du natürlich fertige Pasta verwenden. Doch am besten schmeckt Pasta selbst gemacht. Die Zubereitung macht zu zweit am meisten Spaß, und wenn zum Schluss ein geschmeidiger Teig entsteht, sind die Glücksgefühle vorprogrammiert.

Klassischer Pastateig

Für 4–6 Portionen

130 g Hartweizengrieß
80 g Mehl (Type 550)
1 Prise Salz
2 Eier (Größe M)
1 EL Olivenöl

1 Hartweizengrieß, Mehl und Salz in einer Schüssel mischen. Eier und Olivenöl zugeben und alles zu einem homogenen Teig verkneten.

2 Den Teig in Frischhaltefolie wickeln und mindestens 30 Minuten kalt stellen. Dann weiterverarbeiten.

TIPP
Du kannst den Pastateig einige Stunden vor der Verwendung vorbereiten und in Frischhaltefolie gewickelt bis zur Verarbeitung im Kühlschrank aufbewahren.

TIPP
Du kannst den Pastateig nach Wunsch mit Kürbispüree oder frisch gehackten Kräutern einfärben. Knete dann Mehl oder Hartweizengrieß im gleichen Verhältnis in den Teig.

Dreierlei Ravioliteig

Den Pastateig (siehe Rezept linke Seite) dritteln. Den Spinat fein hacken oder pürieren und mit 1 EL Hartweizengrieß mit einem Drittel Pastateig verkneten. Das zweite Drittel Teig mit Tomatenmark sowie 2 EL Hartweizengrieß verkneten. Den restlichen Pastateig mit Zitronenabrieb verkneten. Den Teig in Frischhaltefolie wickeln und 30 Minuten in den Kühlschrank legen. Dann weiterverarbeiten.

Für 4–6 Portionen

50 g Spinat
3 EL Hartweizengrieß
1 TL Tomatenmark
Abrieb von ½ Bio-Zitrone

Gemüsebrühe

Eine Gemüsebrühe ist mit nur wenigen Zutaten eine vollwertige Suppe, kann aber auch prima zum Würzen und Verfeinern verwendet werden.

**Für 4–5 Gläser
(à 400 ml Inhalt)**

3 Zwiebeln
3 Knoblauchzehen
2 Stangen Lauch
¼ Sellerieknolle
2 Petersilienwurzeln
3–4 Karotten
1 kleine rote Paprikaschote
etwas Olivenöl
2–3 l Wasser
1 Zweig Thymian
1 Zweig Rosmarin
1 TL Liebstöckel
1 Handvoll Petersilie
1 Lorbeerblatt
1 EL Pfefferkörner
1–2 TL Salz

1 Zwiebeln und Knoblauch hacken. Das restliche Gemüse putzen und in mundgerechte Stücke schneiden. Zwiebel und Knoblauch in einem Topf in Olivenöl anschwitzen. Das Gemüse zugeben und von allen Seiten rösten. Mit Wasser ablöschen, Kräuter und Gewürze zugeben und aufkochen.

2 Den Backofen auf 200 °C Ober- und Unterhitze vorheizen. Die Brühe in eine Ofenform füllen und 30 Minuten im Backofen reduzieren. Mit Salz und Pfeffer abschmecken. Die Flüssigkeit durch ein Sieb geben, zurück in den Topf füllen, aufkochen und so lange köcheln, bis die gewünschte Konzentration erreicht ist.

3 Die Brühe sofort in sterilisierte Gläser füllen. Die Gläser mit Schraubdeckel verschließen und auf den Kopf stellen. Auskühlen lassen. Die Brühe hält sich im ungeöffneten Glas mehrere Monate.

TIPPS
Die Brühe kannst
du mit einer Gemüseein-
lage als schnelle Suppe oder
als Basis für andere Suppen
verwenden. Du kannst sie auch
noch mehr einkochen und als
Konzentrat zum Würzen benut-
zen. In einer Eiswürfelform
eingefroren kannst du
sie als Brühwürfel
einsetzen.

⋯ Saucen ⋯

Eine Sauce verfeinert nicht nur jedes Gericht, sie ergänzt es auch um so viele Aromen, gibt dem Gericht Charakter und die Extraportion Geschmack.

Tomatensauce

4 Zwiebeln
6 Knoblauchzehen
75 ml Olivenöl
250 ml Rotwein
700 ml passierte Tomaten
400 g gehackte Tomaten (Dose)
200 g Tomatenmark
200 ml Gemüsebrühe
1 TL Meersalz
1 Prise Zucker
1 Prise Zimt
etwas gemahlener
  schwarzer Pfeffer
½ TL Paprikapulver
je 1 TL Basilikum, Oregano
  und Majoran

1 Zwiebeln und Knoblauch hacken. Die Zwiebeln in einem Topf in Olivenöl fünf Minuten anschwitzen. Den Knoblauch zugeben und kurz dünsten. Mit Rotwein ablöschen und kurz köcheln lassen.

2 Tomaten, Tomatenmark und Gemüsebrühe zugeben und 20 Minuten köcheln lassen. Gewürze und Kräuter zufügen und bei niedriger Hitze eine Stunde köcheln lassen, gelegentlich umrühren.

3 Die Sauce mit dem Stabmixer bis zur gewünschten Konsistenz pürieren. Sofort verwenden oder in sterilisierte Gläser füllen, mit Schraubdeckel verschließen und auf dem Kopf auskühlen lassen.

14

Burger-Sauce

100 ml Milch
1 TL Senf
220 ml Pflanzenöl
80 g Gewürzgurken (Glas)
50 ml Gewürzgurkenwasser
1 TL Knoblauchpulver
2 EL Ketchup
1 EL Sojasauce
1 TL Zitronensaft
Salz
Pfeffer

Milch und Senf in einem
hohen Gefäß mit dem
Stabmixer pürieren.
Nach und nach das Öl
zugießen, bis eine cremige
Masse entsteht. Die
Gurken fein hacken und
mit den restlichen Zutaten
unterrühren.

BBQ-Sauce mit Honig

3 Knoblauchzehen
2 Zwiebeln
50 ml Olivenöl
100 ml Ahornsirup
200–300 ml Wasser
100 g Tomatenmark
50 ml Apfelessig
2 TL gemahlener schwarzer Pfeffer
2 TL Salz
2 TL geräuchertes Paprikapulver
2 TL Oregano
4 EL Honig

Knoblauch und Zwiebeln fein
hacken und in einem Topf in
Olivenöl anschwitzen. Mit Ahorn-
sirup und Wasser ablöschen.
Tomatenmark, Essig, Gewürze und
Kräuter zufügen. Aufkochen und
zehn Minuten einköcheln lassen.
Pürieren und zum Schluss den
Honig einrühren.

Caesar-Sauce

100 g Joghurt
1 EL Olivenöl
1 TL Worcestersauce
  (optional)
½ TL Knoblauchpulver
1 TL Salz
1 TL schwarzer
  gemahlener Pfeffer
50 g fein geriebener
  Parmesan

Joghurt, Olivenöl,
Worcestersauce und
Knoblauchpulver in einer
Schüssel verrühren, mit
Salz und Pfeffer würzen.
Zum Schluss den
Parmesan unterheben.

Gewürze & Kräuter

Bei Gewürzen und Kräutern ist eine gute Mischung besonders wichtig. Gut abgestimmt, verleihen sie den Gerichten ein unvergessliches Aroma.

Gewürze

Nicht jedes Gewürz musst du in verschiedenen Ausführungen vorrätig haben. In deinem Gewürzregal sollten je nach Gericht und Geschmack Currypulver, Piment d'Espelette, Pfeffer, geräuchertes Paprikapulver, Zimt, Kurkuma, Kreuzkümmel, Ingwer, Cayennepfeffer, Muskatnuss sowie Meersalz und aus der Salzblume gewonnenes Fleur de Sel stehen.

Gewürzmischungen

Aus Kräutern und Gewürzen kannst du dir ganz einfach aromatische Gewürzmischungen, wie z. B. das vielseitig einsetzbare Jerk-Gewürz (siehe Rezept rechts), zaubern. Wenn du die Mischungen lagern möchtest, verwendest du am besten getrocknete Kräuter. Eigene Würzkreationen lassen sich auch toll verschenken (siehe S. 55).

Kräuter

Kräuter kannst du frisch oder getrocknet verwenden. Bei Saucen, Ofengemüse oder Salat solltest du möglichst frische Kräuter zur Hand haben. Auch zum Verfeinern und zur finalen Dekoration eignen sich frische Kräuter am besten. Für Rubs oder Marinaden kannst du auch auf getrocknete Kräuter zurückgreifen.

Folgende Kräuter solltest du immer griffbereit und getrocknet im Gewürzregal haben: Oregano darf auf der Pizza nicht fehlen. Majoran eignet sich besonders für herzhafte Stews und Aufläufe. Basilikum verfeinert fast jedes Pastagericht. Rosmarin passt gut zu Fleisch und Kartoffeln. Salbei schmeckt besonders aromatisch, wenn er in Fett mitgebraten wird. Petersilie ist der Allrounder und kann überall Geschmacksträger sein. Besonders bei Aufläufen und in Verbindung mit Käse, aber auch in Fleischgerichten, entfaltet Thymian sein würziges Aroma. Dill aromatisiert Fisch und Gurke; dazu passt immer ein Spritzer Zitrone. Liebstöckel rundet die Suppe ab. Minze schmeckt nicht nur im Cocktail, sondern auch besonders gut in orientalischen Gerichten.

Jerk-Gewürz

2 TL Thymian
2 TL Pfeffer
1 TL Zwiebelpulver
1 TL Knoblauchpulver
1 TL geräuchertes Paprikapulver
1 TL Cayennepfeffer
1 TL Meersalz
½ TL gemahlener Ingwer
½ TL Liebstöckel
1 Msp. Zimt
1 Msp. Muskatnuss
1 Msp. Piment
2 EL brauner Zucker

Alle Zutaten in einer Schüssel mischen. In einen luftdicht schließenden Behälter füllen und dunkel und trocken bis zu sechs Monate lagern. Das Jerk-Gewürz kannst du zum Marinieren von Fleisch oder zum Würzen von Pasta-Sauce mit Käse verwenden.

18

Für mich

In den Routinen des Alltags vergisst man sich selbst häufiger, als einem lieb ist. Für dein inneres Glücksgefühl ist deshalb manchmal besonders eines vonnöten: pure Zeit für dich. Verwöhne dich mit einem kleinen Leckerbissen aus der Küche, schließlich hast du es dir verdient. Kochen ist Genuss und genießen kann man auch ganz herrlich allein. Einmal nur an sich selbst denken, was für ein Geschenk!

Mediterraner Feta

AUS DEM OFEN

Schnell gemacht und einfach lecker. Für herzhafte Glücksmomente braucht es manchmal gar nicht viel. Verwöhne dich mit diesem Ofenleckerbissen auf besonders köstliche Art und Weise.

Für den kleinen Verwöhnmoment

20

Für 4 Portionen

1 kleine Zucchini
200 g Kirschtomaten
1 Knoblauchknolle
2–3 Zweige Thymian
2 Zweige Rosmarin
1 TL Oregano
1 TL Chiliflocken
1 Msp. Piment d'Espelette
1 Msp. Zucker
1 TL Salz
1 TL gemahlener
   schwarzer Pfeffer
60 ml Olivenöl
300 g Feta
4 EL grüne Oliven, entsteint
1 Baguette zum Servieren

1 Den Backofen auf 200 °C Ober- und Unterhitze vorheizen. Die Zucchini in kleine Würfel schneiden. Kirschtomaten und Knoblauchknolle halbieren. Die Kräuter grob hacken. Kräuter, Gewürze, Zucker, Salz, Pfeffer und Olivenöl in einer Schüssel vermengen.

2 Den Feta in ofenfeste Formen legen. Tomaten, Knoblauch, Zucchiniwürfel und Oliven auf und neben dem Käse verteilen. Die Olivenölmischung über das Gemüse und den Käse gießen.

3 Den mediterranen Feta auf der mittleren Einschubleiste 20–25 Minuten goldbraun backen. Mit etwas Baguette servieren.

iss mir Stulle

Dreierlei Stullen

Wie groß war früher in der Schule die Vorfreude auf das leckere Pausenbrot! Die drei Brotaufstriche sind ein Upgrade für jede Stulle.

1 Für das Kürbis-Hummus den Backofen auf 200 °C Umluft vorheizen. Den Kürbis halbieren, entkernen, mit der Schnittseite nach unten auf ein Backblech legen und 20–25 Minuten im Ofen weich backen. Abkühlen lassen und im Mixer pürieren. 300 g Kürbispüree abwiegen und mit den restlichen Zutaten pürieren.

2 Für den Eiersalat die Eier hart kochen, abschrecken, pellen und würfeln. Das Basilikum fein hacken und mit den Eiern und den restlichen Zutaten in einer Schüssel vermengen. Abdecken und eine Stunde in den Kühlschrank stellen. Vor dem Servieren mit Salz und Pfeffer abschmecken.

3 Für das Pesto den Rucola waschen und verlesen. Die Pinienkerne in einer Pfanne ohne Fett goldbraun rösten. Rucola, Pinienkerne, Basilikum, die Hälfte des Olivenöls, Limettenabrieb und Parmesan in einem hohen Gefäß mit dem Stabmixer grob pürieren. Die Knoblauchzehe fein hacken und unterrühren. Das Pesto in sterilisierte Gläser füllen und mit dem restlichen Olivenöl aufgießen.

4 Für die Stullen das Brot in Scheiben schneiden. Kichererbsen in einer Schüssel mit Basilikum und Olivenöl vermengen, 30 Minuten ziehen lassen. Kürbis-Hummus und Eiersalat auf Brotscheiben geben. Frühlingszwiebel in Ringe schneiden und mit den Kichererbsen auf dem Kürbis-Hummus verteilen. Die Burrata grob hacken und auf Brotscheiben legen. Die Kirschtomaten vierteln und mit dem Pesto darübergeben.

Für 4–6 Portionen

Für das Kürbis-Hummus
1 kleiner Hokkaidokürbis (ca. 400 g)
400 g Kichererbsen (Dose)
Saft von 1 Limette
50 ml Olivenöl
1 Knoblauchzehe
2 EL Tahini
3 EL Olivenöl
1 TL gemahlener schwarzer Pfeffer
½ TL Moorsalz
½ TL gemahlener Kreuzkümmel
½ TL Chiliflocken
1 Msp. gemahlene Muskatnuss
1 EL Basilikum

Für den Eiersalat mit Kräutern
6 Eier
1 Handvoll Basilikum
50 g Naturjoghurt (1,5 % Fett)
2 EL Senf
1–2 TL Meersalz
1 TL gemahlener schwarzer Pfeffer

Für das Rucola-Pesto
200 g Rucola
60 g Pinienkerne
100 g Basilikum
100 ml Olivenöl
Abrieb von 1 Bio-Limette
60 g Parmesan
1 Knoblauchzehe

Außerdem
1 großes Körnerbrot
100 g Kichererbsen (Dose)
1 EL Basilikum
50 ml Olivenöl
1 Frühlingszwiebel
200 g Burrata
200 g Kirschtomaten

23

Orientalischer Couscous-Salat

Es ist so schön, wenn nach einem langen Arbeitstag zu Hause schon ein leichtes Abendbrot auf dich wartet. Noch schöner ist es, wenn es dich gleichzeitig von deinem nächsten Urlaub träumen lässt, wie dieser vegetarische Couscous-Salat mit orientalischen Aromen.

Glücksgefühle zum Feierabend

Für 4–6 Portionen

300 ml Gemüsebrühe
  (siehe S. 12)
170 g Couscous
1 Zucchini
1 Paprikaschote
1 Karotte
1 rote Zwiebel
2 Knoblauchzehen
1 TL gemahlene Kurkuma
1 TL gemahlener Kreuzkümmel
½ TL Currypulver
½ TL Paprikapulver
½ TL gemahlener Kardamom
1 Msp. gemahlene Muskatnuss
1 Msp. Zimt
1 TL Chiliflocken
70 ml Olivenöl
Saft von 1 Zitrone
1 TL Honig
1 Handvoll frische Minze
1 Handvoll frische Petersilie
3 EL getrocknete Cranberrys
60 g Granatapfelkerne
50 g gehackte Pekannüsse

1 Die Gemüsebrühe in einem Topf aufkochen und vom Herd nehmen. Den Couscous einrühren und abdecken. Quellen und abkühlen lassen, dabei von Zeit zu Zeit mit einer Gabel umrühren und auflockern.

2 Zucchini, Paprika, Karotte, Zwiebel und Knoblauchzehen fein würfeln. Die Gewürze mit Olivenöl, Zitronensaft und Honig in einer kleinen Schüssel verrühren. Den Couscous in einer großen Schüssel mit der Gewürzmischung vermengen. Die Gemüsewürfel unterheben.

3 Minze und Petersilie grob hacken und mit den Cranberries sowie den Granatapfelkernen mit dem Couscous-Salat vermengen. Die Pekannüsse in einer Pfanne ohne Fett leicht anrösten, fein hacken und zum Servieren über dem Couscous-Salat verteilen.

LACHSQUICHE
✳ MIT LAUCH ✳

Essen löst natürlich keine Probleme, aber kleine oder größere Sorgen sind auch kein triftiges Argument gegen genüssliches Schlemmen. Also ab in die Küche und den Kochlöffel schwingen, wenn's mal nicht so rund läuft!

Für 4–6 Portionen

Für den Teig
100 g Butter, kalt,
   plus etwas für die Form
210 g Mehl plus etwas für
   die Arbeitsfläche
1 TL Meersalz
1–2 EL Milch

Für die Füllung
2 Stangen Lauch
1 EL Butter
400 g Wildlachsfilet
3 Eier
200 g Sahne
100 ml Milch
3 Stängel Dill
1 EL Meersalz
1 TL gemahlener schwarzer
   Pfeffer
1 Msp. Muskatnuss

Außerdem
1 Pie-Form (ø 26 cm)
etwas Zitronensaft
1 Stängel Dill, gehackt

1 Den Backofen auf 180 °C Ober- und Unterhitze vorheizen. Für den Teig Butter, Mehl und Salz in einer Schüssel zu einer krümeligen Masse verkneten. So viel Milch hinzufügen, dass ein gut knetbarer Teig entsteht. Den Teig in Frischhaltefolie gewickelt 30 Minuten kalt stellen. Anschließend auf der bemehlten Arbeitsfläche ausrollen, in die gefettete Pie-Form legen und mit einer Gabel mehrmals einstechen. 10–15 Minuten blind backen (siehe S. 8), bis der Boden trocken ist.

2 Für die Füllung den Lauch in dünne Scheiben schneiden. Butter in einer Pfanne erhitzen und den Lauch darin glasig dünsten. Den Lauch auf dem Teig verteilen. Das Lachsfilet in mundgerechte Stücke schneiden und auf dem Lauch drapieren.

3 Die Eier in einer Schüssel mit Sahne und Milch verquirlen. Den Dill fein hacken und mit den Gewürzen unterrühren. Die Ei-Sahne-Mischung über Lachs und Lauch gießen. Die Quiche 30–40 Minuten goldbraun backen. Vor dem Servieren mit etwas Zitronensaft beträufeln und mit gehacktem Dill bestreuen.

TIPP
Du kannst auch anderes Gemüse verwenden. Toll schmeckt die Suppe auch mit Brokkoli und Süßkartoffeln.

CURRYSUPPE
mit Reisnudeln

Eine Suppe wärmt nicht nur herrlich von innen, sie kann auch wahres Soulfood sein. Mach dir selbst eine Freude und koche dir diese wohlig wärmende Currysuppe.

1 Die Brühe in einem Topf aufkochen. Die Herdplatte ausschalten, die Nudeln zugeben und fünf Minuten ziehen lassen. Die Nudeln durch ein Sieb abgießen und die Brühe auffangen.

2 Die Zuckerschoten putzen, Paprika und Zwiebeln fein würfeln, Knoblauch hacken. Öl in einem großen Topf erhitzen und Zwiebel- sowie Paprikawürfel darin anschwitzen. Knoblauch sowie die Hälfte des Currypulvers zugeben und anrösten. Mit der Brühe aufgießen und 15 Minuten köcheln lassen. Die Hälfte des Gemüses herausnehmen und beiseitestellen, den Rest grob pürieren.

3 Kokosmilch, Tomatenmark, Currypaste, das restliche Currypulver und die übrigen Gewürze in die Suppe einrühren und köcheln lassen. Das beiseitegestellte Gemüse und die Zuckerschoten zugeben und zehn Minuten ziehen lassen.

4 Die Nudeln und die Kichererbsen in die Suppe geben und die Suppe mit Salz und Pfeffer abschmecken. Vor dem Servieren mit Petersilie oder anderen frischen Kräutern bestreuen.

Für 4 Portionen

800 ml Gemüsebrühe
   (siehe S. 12)
125 g Reisnudeln,
   alternativ Glasnudeln
100 g Zuckerschoten
2 Paprikaschoten
2 Zwiebeln
2 Knoblauchzehen
3 EL Pflanzenöl
2 EL scharfes Currypulver
400 ml Kokosmilch
1–2 EL Tomatenmark
1 EL Currypaste
1 EL Paprikapulver (edelsüß)
1 TL Chiliflocken
½ TL gemahlenes Zitronengras
1 TL gemahlener Ingwer
1–2 TL gemahlener schwarzer
   Pfeffer
1 TL Cayennepfeffer
Salz
200 g Kichererbsen (Dose)
etwas gehackte Petersilie
   oder andere frische Kräuter
   nach Wunsch

Spargeltaschen

Frühlingszeit ist Spargelzeit. Frisch vom Spargelbauern werden die köstlichen Stangen zur Füllung von herzhaften Blätterteigtaschen.

Frühlingsgefühle wecken

Für 4 Portionen

600 g grüner Spargel
2 Knoblauchzehen
50 ml Olivenöl
1 TL Oregano
1 TL Chiliflocken
1 TL Meersalz
1 TL gemahlener schwarzer
   Pfeffer
1 Rolle Blätterteig (275 g)
1 Eigelb
1 EL Milch
100 g Crème fraîche
8 Scheiben Gouda
   (ca. 200 g)
2 kleine Zweige Thymian,
   gehackt

1 Die holzigen Enden an den Spargelstangen abschneiden. Die Spargelstangen der Länge nach halbieren und in eine flache Schüssel geben. Den Knoblauch hacken und in einer Schüssel mit Olivenöl, Kräutern und Gewürzen vermengen. Die Olivenölmischung über den Spargel gießen und den Spargel zehn Minuten darin marinieren.

2 Den Backofen auf 180 °C Umluft vorheizen. Den Blätterteig in acht Quadrate schneiden. Das Eigelb mit etwas Milch verquirlen und die Quadrate damit einpinseln. Die Crème fraîche glatt rühren und je 1 TL in die Mitte der Teigquadrate geben. Je eine Scheibe Gouda auf die Quadrate legen. Immer vier bis fünf Spargelstangenhälften diagonal auf die Teigquadrate geben. Die freien Teigecken darüberklappen und andrücken.

3 Die Teigtaschen auf ein mit Backpapier ausgelegtes Backblech legen. Mit der restlichen Eigelb-Milch-Mischung bepinseln und nach Wunsch mit etwas Pfeffer bestreuen. 15–20 Minuten goldbraun backen. Mit Thymian bestreuen und servieren.

TIPP
Anstelle von Gouda kannst du auch Camembert oder Ziegenkäse verwenden.

SOMMERROLLEN-
··· SALAT ···

*Warum eigentlich immer mediterran? Probier doch mal
diesen asiatischen Sommerrollensalat. Gekühlt und leicht ist
er eine ideale Mahlzeit, wenn es draußen heiß ist.*

Leichte Sommerküche

Für 4 Portionen

400 g Weißkohl
2 große Karotten
1 rote Paprikaschote
1 kleine Salatgurke
1 Zwiebel
2 Knoblauchzehen
50 ml Pflanzenöl
300 g Garnelen
150 ml Sojasauce
200 g Reisnudeln
1 kleines Stück Ingwer
  (ca. 1 cm)
1 kleine rote Chilischote
1 EL Reisessig
2 TL Honig
100 g Bambussprossen
50 g geröstete Erdnüsse,
  gehackt
1 Handvoll Basilikum
1 Handvoll Minze
1 Handvoll Petersilie
Salz
gemahlener schwarzer
  Pfeffer
1 Frühlingszwiebel, gehackt
Saft von 2 Limetten

1 Kohl, Karotten, Paprika und Gurke in dünne Streifen
schneiden, die Zwiebel würfeln, den Knoblauch fein hacken.
1 EL Pflanzenöl im Wok erhitzen und den Weißkohl darin
anschwitzen. Die Garnelen mit dem Knoblauch zugeben und
scharf anbraten. 60 ml Sojasauce zugeben und fünf Minuten
köcheln lassen. Vom Herd nehmen und beiseitestellen.

2 Die Reisnudeln in einem Topf mit kochendem Wasser
fünf Minuten ziehen lassen. Die Nudeln abgießen und in
einer großen Schüssel mit dem restlichen Pflanzenöl
vermengen. Abkühlen lassen.

3 Den Ingwer reiben, die Chilischote hacken. Die restliche
Sojasauce mit Reisessig, Chili, Ingwer und Honig in einer
Schüssel zu einem Dressing verrühren. Kohl, Gemüse und
Garnelen sowie Bambussprossen und Erdnüsse unter
die Nudeln heben. Mit dem Dressing vermengen.

4 Die Kräuter grob hacken, unterheben und den Salat
abgedeckt 30 Minuten im Kühlschrank ziehen lassen.
Mit Salz und Pfeffer würzen, Frühlingszwiebeln und
Limettensaft unterheben und servieren.

34

✶ Würziger ✶
Kartoffel-Pastinaken-Auflauf

Kratzender Hals und kribbelnde Nase? Graue Blicke an vernebelten Tagen? In der kalten Jahreszeit sind Gerichte wie dieser Auflauf dein Seelenwärmer und tröstlicher Begleiter.

Seelenwärmer

1 Die Kartoffeln waschen und nach Wunsch schälen. Kartoffeln und Zwiebeln in Scheiben schneiden. Die Pastinaken schälen und in dünne Scheiben schneiden. Butter in einer Pfanne erhitzen, die Zwiebeln darin anschwitzen. Den Knoblauch durch die Presse drücken und zufügen. Milch und Sahne in einer Schüssel mischen, zugeben und fünf Minuten köcheln lassen. Gewürze und Kräuter zugeben. Die Speisestärke mit etwas Wasser und dem Eigelb glattrühren und in die Flüssigkeit einrühren. Die Kartoffel- und Pastinakenscheiben in die Pfanne geben und mit der Sauce gut vermengen.

2 Den Backofen auf 170 °C Ober- und Unterhitze vorheizen. Eine feuerfeste Form fetten und mit Salz und Pfeffer bestreuen. Cheddar und Mozzarella in einer Schüssel vermengen. Die Hälfte der Kartoffelmasse in die Form geben, mit der Hälfte des Käses bestreuen. Die restlichen Kartoffeln darübergeben.

3 Den Kartoffelauflauf im Ofen 30 Minuten backen. Anschließend mit dem restlichen Käse bestreuen und 20–30 Minuten goldbraun überbacken.

Für 4 Portionen

- 1 kg mehlig kochende Kartoffeln
- 2 Zwiebeln
- 300 g Pastinaken
- 60 g Butter plus
  - 1 EL für die Form
- 2 Knoblauchzehen
- 200 ml Milch
- 300 g Sahne
- 2 TL Meersalz
- 2 TL gemahlener schwarzer Pfeffer
- 1 TL Paprikapulver
- ½ TL Muskatnuss
- 1 EL gehackter Rosmarin
- 1 TL gehackter Thymian
- 1 TL Speisestärke
- 1 Eigelb
- Salz und Pfeffer für die Form
- 50 g geriebener Cheddar
- 70 g geriebener Mozzarella

SCHICHTSALAT
~ im Glas ~

Die Kantine ist immer überfüllt und das Wetter auch viel zu schön, um drinnen zu essen? Bereite dir diesen Salat im praktischen Glas schon am Vorabend zu ıd genieße die Mittagspause im Freien.

Für 3–4 Gläser

200 g Reis
400 g Kichererbsen (Dose)
3 EL Olivenöl
20 ml Zitronensaft
1 EL Basilikum
1 TL Meersalz
1 TL gemahlener schwarzer
   Pfeffer
1 TL Thymian
½ TL gemahlener
   Kreuzkümmel
1 kleine rote Zwiebel
1 Gurke
200 g Kirschtomaten
200 g Feldsalat
400 g Kidneybohnen (Dose)

Außerdem
3–4 Gläser mit Verschluss
   (à 400 ml Inhalt)

1 Den Reis in einem Topf mit kochendem Wasser nach Packungsanleitung kochen, abgießen und beiseitestellen.

2 Die Kichererbsen mit Olivenöl, Zitronensaft, Basilikum, Salz, Pfeffer, Thymian und Kreuzkümmel in einer Schüssel mischen. Die Zwiebel hacken, zugeben und das Ganze 30 Minuten ziehen lassen. In der Zwischenzeit die Gurke in mundgerechte Stücke schneiden, Tomaten halbieren und den Salat waschen, putzen und zerpflücken.

3 Die Kichererbsen auf die Gläser verteilen. Darauf den Reis, die Kidneybohnen, Gurke, Tomaten und Salat schichten. Die Gläser verschließen und in den Kühlschrank stellen. Der Salat hält sich dort ein bis zwei Tage.

TIPP
Anstelle von Reis
kannst du auch kleine
Nudeln verwenden oder
die Kohlenhydrate ganz
weglassen und durch
gegarten Blumenkohl
ersetzen.

ENDLICH PAUSE

Dienstag

ENDLICH PAUSE

Mittwoch

Zucchini-Cannelloni

MIT GERÖSTETEN TOMATEN

Leckeres Soulfood muss nicht immer eine große Carb-Sause sein! Mit knackigen Zucchini lässt sich diese würzige Hauptmahlzeit zaubern – fast ohne Kohlenhydrate, aber mit großem Geschmack!

Low Carb Soulfood

Für 4 Portionen

Für die Ofentomaten
300 g Kirschtomaten
5 Knoblauchzehen
10 Basilikumblätter
1 TL Salz
½ TL Piment d'Espelette
50 ml Olivenöl

Für den Tomaten-Sugo
1 Zwiebel
25 ml Olivenöl
400 g gehackte Tomaten
  (Dose)
1 EL Tomatenmark
1 EL Oregano
1 EL Basilikum

Für die Cannelloni
300 g Frischkäse
1 Ei
1 EL Olivenöl
70 g geriebener Parmesan
120 g geriebener Mozzarella
  plus 2 EL
3 EL fein gehacktes
  Basilikum
1 TL Salz
1 TL gemahlener
  schwarzer Pfeffer
½ TL Paprikapulver
1 Msp. Piment d'Espelette
Abrieb von ½ Bio-Zitrone
3 mittelgroße Zucchini

1 Für die Ofentomaten den Backofen auf 120 °C Ober- und Unterhitze vorheizen. Die Tomaten halbieren und auf einem mit Backpapier ausgelegten Backblech verteilen. Den Knoblauch leicht andrücken und mit Basilikum und den Gewürzen über die Tomaten geben. Die Tomaten mit Olivenöl beträufeln und ca. eine Stunde im Ofen trocknen.

2 Für den Tomaten-Sugo die Zwiebel fein würfeln und in einer Pfanne in Olivenöl kurz anschwitzen. Tomaten, Tomatenmark und Kräuter zugeben und verrühren. Fünf Minuten köcheln lassen. Die Hälfte der Ofentomaten zugeben und den Pfanneninhalt anschließend in eine feuerfeste Form füllen.

3 Für die Zucchini-Cannelloni Frischkäse und Ei in einer Schüssel verquirlen. Öl, Parmesan, 120 g Mozzarella, Basilikum, Gewürze und Zitronenabrieb unterrühren.

4 Den Backofen auf 200 °C Umluft vorheizen. Die Zucchini mit dem Gemüseschäler in lange Streifen schneiden, auf jeden Streifen an einem Ende 1 TL Frischkäsemasse geben und den Streifen rollen. Die Röllchen mit einer Öffnung nach oben in die Form setzen und 20 Minuten backen. Mit 2 EL Mozzarella bestreuen und weitere 5–10 Minuten goldbraun überbacken. Mit den restlichen Ofentomaten servieren.

TIPP
Die Ofentomaten
kannst du auch schon
am Vortag zubereiten. In
luftdicht verschlossenen
Gläsern halten sich die
Tomaten einige Tage im
Kühlschrank.

Honig-Senf-Pitas

Deine Freunde kommen am Sonntag unverhofft zu Besuch und der Hunger ist grenzenlos. Jetzt heißt es improvisieren. Kein Problem, denn es gibt diese gefüllten Pitas mit dem „best of the rest" des Kühlschranks.

1 Für die Pitas Mehl, Backpulver, Natron und Salz in einer Schüssel mischen. Nach und nach den Joghurt unterrühren, bis ein geschmeidiger, gut knetbarer Teig entsteht. Den Teig in acht bis zehn gleich große Teile schneiden. Die Teigstücke auf der bemehlten Arbeitsfläche dünn ausrollen.

2 Eine Pfanne bei hoher Temperatur erhitzen und etwas Olivenöl hineingeben. Die Fladen nacheinander in der Pfanne ca. zwei Minuten backen, bis sich Blasen bilden. Wenden und weitere ein bis zwei Minuten backen.

3 Für die Füllung die Hähnchenbrustfilets waschen, trocken tupfen, in kleine Stücke schneiden und in einer Pfanne mit Olivenöl braten. Mit Pfeffer, Paprikapulver und Salz würzen. Paprika in dünne Streifen, Tomaten in kleine Stücke schneiden. Den Salat leicht zerpflücken.

4 Für das Dressing alle Zutaten in einer Schüssel verrühren. Die Pitas an den Rändern mit etwas Dressing bestreichen. Salat, Hähnchen, Paprikastreifen, Tomaten und Mozzarella auf den Pitas verteilen. Mit Dressing beträufeln und die Pitas an den Seiten einklappen. Kalt servieren.

Für 8–10 Stück

Für die Pitas
500 g Mehl plus etwas
   für die Arbeitsfläche
2 TL Backpulver
1 TL Backnatron
½ TL Salz
450 g Naturjoghurt
30 ml Olivenöl
etwas Pflanzenöl zum Anbraten

Für die Füllung
400 g Hähnchenbrustfilets
1 EL Olivenöl
1 EL gemahlener schwarzer
   Pfeffer
1 TL Paprikapulver
1 TL Meersalz
1 Paprikaschote
100 g Tomaten
2 Salatherzen
100 g Mozzarellakugeln

Für das Honig-Senf-Dressing
60 g Senf
160 g Honig
100 ml Apfelessig
200 ml Olivenöl
Salz
gemahlener schwarzer Pfeffer

Brokkoli-Cheddar-Suppe

Eine dampfende Suppenschale, würziger Duft und dazu auch noch warme Hände! Die cremige Suppe macht nicht nur satt, sondern wärmt Körper und Seele.

Für 4–6 Portionen

- 200 g Karotten
- 1 Brokkoli (ca. 400 g)
- 3 Kartoffeln
- 2 Zwiebeln
- 10 g Knollensellerie
- 60 g Butter
- 800 ml Gemüsebrühe (siehe S. 12)
- 30 g Mehl
- 200 g Sahne
- 200 g geriebener Cheddar
- 2 EL Crème fraîche
- 1–2 TL Salz
- 1 TL gemahlener schwarzer Pfeffer
- 1 TL Paprikapulver
- 1 TL gemahlene Kurkuma
- 1 Msp. gemahlene Muskatnuss
- ½ TL Cayennepfeffer
- 1 Handvoll gehackte Petersilie

1 Das Gemüse putzen und ggf. schälen. Karotten in dünne Streifen schneiden, die Brokkoliröschen vom Strunk befreien und klein schneiden. Kartoffeln, Zwiebeln und Sellerie in kleine Stücke schneiden. Die Hälfte der Butter in einem Topf erhitzen und die Zwiebeln darin glasig dünsten. Karotten, Kartoffeln und Sellerie zugeben und mit der Hälfte der Gemüsebrühe ablöschen. 20–30 Minuten köcheln lassen, bis das Gemüse sehr weich ist. Anschließend pürieren.

2 In einem zweiten Topf die restliche Butter schmelzen. Das Mehl unter Rühren zufügen und leicht rösten. Mit der restlichen Gemüsebrühe ablöschen. Die Sahne zufügen und kurz eindicken lassen. Die Flüssigkeit zur Gemüsesuppe geben.

3 Den Brokkoli in die Suppe geben und kurz garen lassen. Cheddar, Crème fraîche und Gewürze zufügen und den Käse schmelzen lassen. Die Suppe abschmecken, mit Petersilie bestreuen und heiß servieren.

Für dich

Es ist Zeit für kulinarisches Miteinander. Herzhafte Glücksmomente denjenigen zu bescheren, die uns täglich ihre Zeit und Liebe schenken. Was für eine Freude! Gib deinen Liebsten die Extraprise Liebe und tu ihnen etwas Gutes.

SCHINKEN-SPINAT-
♡---♡---♡---♡---♡---♡---♡
TÖRTCHEN

Sag es mit einem Törtchen! Ob die anstehende Prüfung
oder ein anderer wichtiger Meilenstein:
Viel herzhaftes Glück kannst du Freunden mit diesen
knusprigen Mürbeteig-Teilchen wünschen.

Viel Glück
wünschen

Für 6–8 Törtchen

Für den Teig
200 g Mehl (Type 550)
90 g Butter, kalt, plus
  etwas für die Form
1 TL Salz
½ TL gemahlener
  schwarzer Pfeffer
1 Msp. gemahlene
  Muskatnuss
1 EL Crème fraîche

Für die Füllung
1 kleine Zwiebel
2 EL Butter
500 g Spinat
100 g Sahne
2 EL Basilikum
1 TL Salz
1 TL Pfeffer
1 TL Cayennepfeffer
4 Eier
100 g geriebener Mozzarella
100 g geräucherte
  Schinkenwürfel

Außerdem
6–8 Tarteformen (ø 10 cm)

1 Für den Teig Mehl, Butter und Gewürze in einer Schüssel verkneten. Zum Schluss die Crème fraîche unterkneten. Den Teig auf gefettete Tarteformen verteilen und am Boden und Rand festdrücken. 30 Minuten kalt stellen.

2 Für die Füllung die Zwiebel fein würfeln und in einer Pfanne in Butter anschwitzen. Den Spinat zugeben und kurz dünsten. Die Sahne angießen und kurz köcheln lassen, dabei die Spinatblätter blanchieren. Basilikum und Gewürze zugeben. Die Eier in einer Schüssel verquirlen und den Mozzarella unterrühren. Mit Salz und Pfeffer würzen und die Spinatmasse einrühren.

3 Den Backofen auf 180 °C Umluft vorheizen. Die Füllung auf die Tarteformen verteilen und die Schinkenwürfel in die Mitte der Törtchen geben. Die Törtchen 20–25 Minuten goldbraun backen, leicht abkühlen lassen und vorsichtig aus der Form nehmen. Sie schmecken kalt und warm.

TIPP
Du kannst die Törtchen auch in einem Muffinblech mit zwölf Mulden backen.

Kartoffel-STICKS

*Was gibt es Schöneres, als mit den liebsten Menschen
Zeit zu verbringen, dabei ordentlich zu schlemmen
und dennoch nicht lange in der Küche zu stehen? Gönn dir
die Zeit und tu deinen Lieben etwas Gutes.*

Den Liebsten
etwas Gutes tun

1 Den Backofen auf 220 °C Umluft vorheizen.
Die Kartoffeln waschen und halbieren. Die Hälften
mit einem scharfen Messer bis kurz vor die Schale
horizontal und vertikal einschneiden, sodass ein
Gitter entsteht. Das Kartoffelinnere von unten
leicht hochdrücken und die Kartoffeln auf ein
mit Backpapier ausgelegtes Backblech legen.

2 Das Olivenöl in einer Schüssel mit den Gewürzen und den Kräutern mischen. Die Kartoffel-
hälften rundherum mit der Marinade einpinseln.
Mit Mehl bestäuben und 30 Minuten backen.

3 Die Kartoffeln anschließend mit Parmesan
bestreuen und nochmals zehn Minuten goldbraun backen.

Für 4–6 Portionen

6–8 mittelgroße Kartoffeln
3 EL Olivenöl
1 EL Meersalz
1 TL Chilipulver
1 TL Knoblauchpulver
½ TL gemahlener
  schwarzer Pfeffer
1 TL getrocknete Petersilie
1 TL Mehl
2 EL Parmesan

FALAFEL-BURGER

Deine Freunde verzichten auf Fleisch und Co. und du willst sie trotzdem zu einem Schlemmerabend mit Burgern einladen? Diese Falafel-Burger sind für alle genau die richtige Wahl.

Besuch vom Gemüse-Fan

Für 6–8 Burger

Für die Dinkelbrötchen
100 ml Sojamilch plus 1 EL
80 ml warmes Wasser
7 g Trockenhefe
1 EL Zucker
250 g Dinkelmehl (Type 630)
120 g Dinkelmehl (Type 1050)
1 TL Meersalz
50 ml Olivenöl
2 EL Sojajoghurt
2 EL schwarze Sesamsamen

Für die Falafel
450 g Kichererbsen (Dose)
3 EL gemahlene Mandeln
50 g frische Petersilie
30 g frischer Basilikum
1 EL Sesamsamen
1 TL gemahlener Kreuzkümmel
1 TL Paprikapulver
1 TL Meersalz
½ TL gemahlener schwarzer Pfeffer
1 Msp. Piment d'Espelette
Saft von ½ Zitrone
2 EL Olivenöl

Für die Tahini-Joghurt-Sauce
250 g Sojajoghurt
Saft von 1 Zitrone
1 EL Olivenöl
1 EL Tahini
1 EL frische Kräuter (z. B. glatte
   Petersilie, Majoran, Basilikum)

Als Beilagen
100 g Kirschtomaten
200 g frischer Babyspinat
2 Avocados

1 Für die Brötchen 100 ml Sojamilch, warmes Wasser, Hefe und Zucker in einer kleinen Schüssel mischen, abdecken und zehn Minuten ruhen lassen. Mehl, Salz, Öl und Joghurt in einer großen Schüssel vermengen, die Hefemilch zufügen und alles zu einem homogenen Teig verkneten. Abgedeckt an einem warmen Ort eine Stunde gehen lassen.

2 Den Teig auf der bemehlten Arbeitsfläche durchkneten und in sechs bis acht Stücke teilen. Die Teigstücke noch mal gut kneten, dabei den Teig von außen nach innen eindrücken, sodass eine Kugel ohne Risse entsteht. Die Kugeln umdrehen und auf ein mit Backpapier ausgelegtes Backblech legen. Mit einem Tuch abdecken und eine Stunde ruhen lassen.

3 Den Backofen auf 220 °C Ober- und Unterhitze vorheizen. Die Teiglinge mit 1 EL Sojamilch einstreichen und mit Sesamsamen bestreuen. Die Brötchen 12–15 Minuten goldbraun backen. Auskühlen lassen.

4 Für die Falafel alle Zutaten bis auf das Olivenöl in einer hohen Schüssel grob pürieren. Die Masse zu Pattys formen. Den Backofen auf 180 °C Ober- und Unterhitze vorheizen. Die Pattys auf ein mit Backpapier ausgelegtes Backblech legen, mit Olivenöl bepinseln und 20–25 Minuten goldbraun backen. Alternativ ca. drei Minuten von jeder Seite in einer Pfanne mit Öl braten.

5 Für die Sauce alle Zutaten in einer Schüssel vermengen und 30 Minuten abgedeckt im Kühlschrank ziehen lassen.

6 Zum Servieren die Tomaten halbieren, den Spinat verlesen, die Avocado in Scheiben schneiden. Die Brötchen halbieren und mit Falafel, Sauce und Beilagen nach Wunsch belegen.

TIPP
Die Falafelmasse kannst du auch zu kleinen Kugeln formen, goldbraun anbraten und mit der Sauce als Dip sowie Gemüse und Zwiebeln servieren.

Veggie Vibes

Frittata mit Gemüse

Gemüse-Frittata ist ein schönes Mitbringsel für ein Buffet, und als Gastgeschenk bringst du noch ein Glas eingelegtes Gemüse mit.

Geschenk aus dem Garten

Für 6 Stück

Für das Ofengemüse
2 kleine Zucchini
3 Paprikaschoten
300 g Kirschtomaten
5 Knoblauchzehen
50 ml Olivenöl
2 EL frische Kräuter (Basilikum, Oregano, Rosmarin, Salbei)
1 TL Salz
1 EL Puderzucker
2 EL Weißweinessig
1 TL Pfeffer
1 TL Fleur de Sel

Für die Frittata
1 rote Zwiebel
1 Knoblauchzehe
1 EL Olivenöl
4 Eier
50 g Parmesan
1 Handvoll frisches Basilikum
1 EL gehackte Petersilie
1 TL Oregano
1 TL Salz
1 TL gemahlener schwarzer Pfeffer

Außerdem
Muffinform mit 6 Mulden

1 Für das Ofengemüse den Backofen auf 150 °C Umluft vorheizen. Zucchini in 5 mm dicke Scheiben, Paprika in Streifen schneiden. Die Tomaten halbieren. Die Knoblauchzehen leicht andrücken. In einer Schüssel 25 ml Olivenöl, die Hälfte der Kräuter und Salz verrühren.

2 Zwei Backbleche mit Backpapier auslegen. Tomaten und Paprika auf einem Blech, Zucchini auf dem anderen Blech verteilen. Die Marinade über das Gemüse träufeln. Die Hälfte der Knoblauchzehen auf den Blechen verteilen. Mit Puderzucker bestäuben. Das Tomaten-Paprika-Blech auf der mittleren Schiene, das Zucchini-Blech auf der unteren Schiene des Backofens einschieben. 45 Minuten garen. Auskühlen lassen.

3 Das restliche Olivenöl, Weißweinessig, die restlichen Knoblauchzehen und Kräuter in einer großen Schüssel vermengen und mit Fleur de Sel und Pfeffer würzen. Das Gemüse eine Stunde in die Marinade legen.

4 Für die Frittata den Backofen auf 200 °C Umluft vorheizen. Die Zwiebel in Ringe schneiden, den Knoblauch hacken und beides in einer Pfanne in Olivenöl anschwitzen. Die Eier mit der Hälfte des Parmesans, Gewürzen und Kräutern in einer Schüssel verquirlen. Die Muffinform fetten. In jede Mulde 2 EL Ofengemüse geben und mit der Ei-Masse aufgießen. Mit Zwiebeln und Knoblauch belegen und mit dem restlichen Parmesan bestreuen. Zehn Minuten goldbraun backen.

TIPP
Das restliche
Ofengemüse in Gläser
füllen. Die Gläser mit
Olivenöl aufgießen und
luftdicht verschließen. So
hält sich das Gemüse
einige Tage im
Kühlschrank.

Gewürzmischungen

Oh du würzige Weihnachtszeit. Plätzchen und Co. bleiben dieses Jahr in der Dose. Wir verschenken eine Extraportion Weihnachtswürze.

Würzige Weihnachtsgeschenke

1 Die Gläser gut ausspülen und trocknen lassen. Die Zutaten in der angegebenen Reihenfolge in die Gläser schichten. Gut verschließen und trocken lagern.

2 Der Chili-con-Carne-Mix würzt Chili con Carne und andere mexikanische Gerichte. Den Cajun-Rub mit etwas Olivenöl mischen und zum Marinieren von Grillfleisch oder Ofenhühnchen verwenden. Die Spanish Pasta in einem Topf mit 500 ml kochendem Wasser bei mittlerer Hitze ca. zehn Minuten köcheln lassen. Alle zwei Minuten kurz umrühren. Mit Käse und Pesto servieren.

Für je 1 Glas (à 200 ml Inhalt)

Chili-con-Carne-Würzmischung
7 EL Paprikapulver
5 EL gemahlener Kreuzkümmel
4 EL getrockneter Oregano
4 EL Meersalz
1 EL Chiliflocken
1 EL Knoblauchpulver
1 EL Zwiebelpulver
4 EL grob gemahlener
  schwarzer Pfeffer
2 EL Kakaopulver
1 TL getrockneter Majoran
1 TL Zimt
2 EL Cayennepfeffer

Cajun-Rub-Würzmischung
4 TL Salz
4 TL Knoblauchpulver
6 TL Paprikapulver
2 TL gemahlener schwarzer Pfeffer
4 EL getrockneter Oregano
4 EL getrockneter Thymian
1 TL Piment d'Espelette
2 EL geräuchertes Paprikapulver

Spanish Pasta
200 g Mini-Farfalle
1 EL Meersalz
1 EL Zwiebelpulver
1 TL Chilipulver
1 TL Knoblauchpulver
1 EL getrocknetes Basilikum
1 EL getrockneter Majoran

Stromboli-Kräuterbrot

Wenn das Leben dir gerade einen Streich spielt, lade dir Freunde ein, die dich zum Lachen bringen und dir eine Stütze sind. Gemeinsam backt ihr dieses mit Tomaten gefüllte Stromboli-Brot und genießt eure Freundschaft.

Eine Stütze in stressigen Zeiten

56

Für 6–8 Portionen

Für die Füllung

400 g Kirschtomaten
3 Knoblauchzehen
1 Handvoll Basilikum
1 TL Oregano
1 TL Meersalz
2 EL Olivenöl
60 g geriebener Parmesan
125 g geriebener Mozzarella

Für den Teig

7 g Trockenhefe
170 ml lauwarmes Wasser
1 EL Honig
1 Handvoll Basilikum
3 Zweige Thymian
2 Stängel Oregano
1 Zweig Rosmarin
2 Salbeiblätter
70 ml Olivenöl
450 g Weizenmehl (Type 550)
1 ½ TL Meersalz

Außerdem

1 Eigelb
1 EL Milch
1 EL geriebener Parmesan

1 Für die Füllung die Tomaten vierteln, den Knoblauch hacken und beides mit Kräutern, Salz und Olivenöl in einer Schüssel vermengen. Abgedeckt im Kühlschrank 30 Minuten ziehen lassen.

2 Für den Teig die Hefe in einer Schüssel mit dem Wasser verrühren. Honig zufügen und kurz ruhen lassen. Die Kräuter grob hacken und mit 40 ml Olivenöl zur Hefemischung geben. Mehl mit Salz in einer Schüssel mischen, die Hefe-Kräuter-Mischung zufügen und alles gut durchkneten. Den Teig mit dem restlichen Olivenöl einreiben und abgedeckt ca. 45 Minuten an einem warmen Ort gehen lassen, bis sich das Volumen verdoppelt hat. Nochmals durchkneten und rechteckig ausrollen.

3 Den Backofen auf 180 °C Umluft vorheizen. Den Teig mit dem gewürzten Olivenöl der Tomaten bestreichen. In die Mitte für die Füllung 30 g Parmesan streuen, darauf die Tomaten, den restlichen Parmesan und den Mozzarella verteilen. Den Teig links und rechts der Füllung jeweils in zehn Streifen schneiden. An einem Ende beginnen und die Streifen über der Füllung flechten, dabei immer einen Streifen von links über die Mitte klappen, dann einen Streifen von rechts über diesen Streifen legen usw.

4 Eigelb mit Milch in einer Schüssel verrühren. Das Brot damit einpinseln und mit Parmesan bestreuen. 30–40 Minuten goldbraun backen.

HERZHAFTE

Waffelhäppchen

Manchmal möchte man einfach danke sagen.
Aber warum immer mit süßen Leckereien? Heute
wird's mal herzhaft! Backe deinen Lieben als
Dankeschön diese knusprigen Waffelplätzchen.

Für 3–4 Portionen

230 g Mehl
½ TL Backpulver
1 TL Oregano
½ TL Majoran
½ TL gemahlener
   Kreuzkümmel
1 TL Meersalz
½ TL grob gemahlener
   schwarzer Pfeffer
120 g Butter, weich,
   plus 1 TL zum Einreiben
2 Eier
50 g geriebener
   Parmesan

1 Das Mehl in einer großen Schüssel mit dem Backpulver, den Kräutern und Gewürzen mischen. Butter und Eier zufügen und die Zutaten verkneten. Zum Schluss den Parmesan unterkneten.

2 Die Hände mit etwas Butter einreiben und den Teig zu teelöffelgroßen Kugeln formen; die fertigen Kugeln sollten rundherum mit Butter eingerieben sein.

3 Ein Waffeleisen auf mittlerer Stufe (bei Stufen von eins bis sechs auf Stufe vier) vorheizen. Bei einem Herzwaffeleisen je eine Kugel pro Herzkammer in das Waffeleisen geben und ein bis zwei Minuten goldbraun backen. Die Waffelplätzchen auf einem Kuchengitter auskühlen lassen.

One-Pot-Pasta

Wer viel packt, muss auch gut schlemmen! Für dieses Gericht brauchst du lediglich einen Topf und kannst so die große Bande von Umzugshelfern glücklich kochen. Reste gibt es hier garantiert nicht.

Leckere Umzugsküche

1 Die Zwiebel fein würfeln, die Champignons vierteln. Olivenöl in einem großen Topf erhitzen und die Zwiebeln mit den Champignons anschwitzen. Gemüsebrühe zufügen und aufkochen.

2 Die Spaghetti in den Topf geben. Die Kirschtomaten halbieren und mit den Dosentomaten, Tomatenmark, Spinat, Basilikum und Mozzarella in den Topf geben. Die Kräuter und Gewürze zufügen und etwa 15 Minuten köcheln lassen, dabei gelegentlich umrühren. Zum Schluss den Parmesan einrühren und servieren.

Für 3–4 Portionen

1 Zwiebel
150 g Champignons
50 ml Olivenöl
700 ml Gemüsebrühe
 (siehe S. 12)
300 g Spaghetti
200 g Kirschtomaten
400 g gehackte Tomaten (Dose)
2 EL Tomatenmark
100 g frischer Spinat
1 Bund Basilikum
200 g Mozzarellakugeln
2–3 TL Oregano
1 TL Thymian
1 TL Rosmarin
2 TL Majoran
1 TL Paprikapulver
1–2 TL Knoblauchpulver
1 Prise Zucker
Salz
gemahlener schwarzer Pfeffer
50 g geriebener Parmesan

TIPP
Verfeinere die One-Pot-Pasta zum Schluss noch mit 1 EL Crème fraîche für die Feinschmecker unter deinen Umzugshelfern.

Tomaten-FOCACCIA

*Stell den Rotwein bereit und zünde die Kerzen an.
In der Küche duftet es bereits nach
frischen Kräutern. Bei diesem Rezept bleibt
sogar noch Zeit zum Kuscheln.*

Für 4 Portionen

Für den Teig
7 g Trockenhefe
1 EL Zucker
400 ml lauwarmes Wasser
500 g Weizenmehl
   (Type 1050)
1 TL Meersalz
30 ml Olivenöl plus etwas
   zum Einreiben

Für den Belag
1 rote Zwiebel
2–3 Zweige Rosmarin
30 ml Olivenöl
30 ml Wasser
10 Kirschtomaten
1 EL Fleur de Sel

1 Für den Teig Hefe, Zucker und lauwarmes Wasser in einer kleinen Schüssel vermischen und zehn Minuten ruhen lassen. Mehl und Salz in einer großen Schüssel mischen. Die Hefemischung und das Olivenöl zugeben und alles zu einem weichen, klebrigen Teig verkneten.

2 Die Hände mit etwas Öl einreiben und den Teig mehrfach falten. Den Teig anschließend in eine geölte Schüssel geben, abdecken und 30 Minuten gehen lassen. Anschließend den Teig erneut mehrfach von außen nach innen falten, zurück in die Schüssel legen und eine Stunde gehen lassen.

3 Ein Backblech mit Backpapier auslegen und das Backpapier mit Öl einstreichen. Den Teig in vier bis fünf Stücke teilen und diese zu kleinen Fladen formen. Die Fladen auf das Backpapier legen, in Form ziehen und zehn Minuten gehen lassen.

4 Den Backofen auf 220 °C Ober- und Unterhitze vorheizen. Für den Belag die Zwiebel in Scheiben schneiden, den Rosmarin etwas zerpflücken. Die Finger in etwas Öl tauchen und damit kleine Mulden in die Teiglinge drücken. Olivenöl und Wasser in einer Schüssel mischen und den Teig damit einpinseln. Die Fladen mit Zwiebeln, Tomaten und Rosmarin belegen und mit Salz bestreuen. 15 Minuten goldbraun backen.

GEFÜLLTE SCHULTÜTEN-SANDWICHES

Der erste Schultag ist ein ganz besonderer Moment, an den man sich noch lange zurückerinnert. Vor allem die reich gefüllte Schultüte bleibt im Gedächtnis. Warum also nicht auch kleine Schultüten als Snack herzhaft befüllen?

Hurra, ich bin ein Schulkind!

1 Für den Teig alle Zutaten in einer Schüssel verkneten und 30–45 Minuten gehen lassen. Den Backofen auf 180 °C Umluft vorheizen.

2 Den Teig kurz durchkneten und in zwölf gleich große Stücke teilen. Die Schillerlockenformen leicht fetten. Die Teiglinge zwischen den Händen zu einem dünnen Streifen rollen und am spitzen Ende beginnend um die Schillerlockenformen legen, das Ende leicht andrücken. Die Formen auf ein mit Backpapier ausgelegtes Backblech legen und die Schultüten 12–15 Minuten goldbraun backen. Abkühlen lassen und die Formen entfernen.

3 Für die Füllung die Crème fraîche in einer Schüssel mit Petersilie und Salz mischen. Etwas von der Mischung in jede Schultüte geben. Die Gurke mit dem Sparschäler in dünne Streifen schneiden. Nach Wunsch Gurke, Schinken, Salami und/oder Käse sowie optional Salat, übereinanderlegen, rollen und in die Schultüten schieben. Nach Wunsch erneut ca. zehn Minuten bei 180 °C backen, bis der Käse geschmolzen ist. Die Schultüten können warm oder kalt gegessen werden.

Für 12 Schultüten

Für den Teig
7 g Trockenhefe
180 ml Milch
1 EL Honig
50 g Butter plus etwas
    für die Formen
1 Ei
400 g Weizenmehl (Type 550)

Für die Füllung
100 g Crème fraîche
1 EL Petersilie
1 Msp. Salz
1 kleine Gurke
100 g gekochter Schinken
100 g Salami
150 g Scheibenkäse
Salat (optional)

Außerdem
12 Schillerlockenformen

65

TIPP
Die Schillerlocken-form kannst du auch aus Alufolie selbst machen. Einfach die Alufolie zu einer Tüte formen, mit Olivenöl leicht einreiben und den Teig um die Alufolie wickeln.

Flammkuchen
mit Zucchini

Schnell gemacht und super für das Picknick oder einen gemütlichen Abend im Freien. Mit diesen Flammkuchen knusperst du dich sommerreif.

Für laue Sommerabende

Für 4 Portionen

Für den Teig
260 g Mehl (Type 550)
3 EL Olivenöl
1 TL Meersalz
100 ml lauwarmes Wasser
1 Msp. gemahlener
  schwarzer Pfeffer

Für die Creme
200 g Frischkäse
2 EL Sahne
1 TL Petersilie
2 EL gehackter Thymian
2 EL Olivenöl

Für den Belag
2 Zucchini
1 rote Zwiebel
je 50 g geriebener Gouda
  und Mozzarella
2 EL gehackter Thymian

1 Für den Teig alle Zutaten in einer Schüssel verkneten; der Teig sollte nicht klebrig sein und sich gut ausrollen lassen. Den Teig in vier bis sechs Stücke teilen, sehr dünn ausrollen und auf ein mit Backpapier ausgelegtes Backblech legen.

2 Für die Creme Frischkäse in einer Schüssel mit Sahne, Kräutern und Olivenöl verrühren. Die Creme auf den Teig streichen. Den Backofen auf 220–250 °C Ober- und Unterhitze vorheizen.

3 Zucchini und Zwiebel in feine Scheiben schneiden. Den Käse auf die Flammkuchen streuen und darauf Zucchini und Zwiebelscheiben verteilen. Die Flammkuchen je nach Größe fünf bis acht Minuten goldbraun backen. Mit Thymian bestreuen und servieren.

TIPP
Für eine etwas exotischere Variante Nektarinenscheiben und etwas Ziegenkäse auf den Teig geben, knusprig backen und mit Honig und Thymian servieren.

HONIG-SESAM-LACHS

mit Nudeln

*Hol dir fernöstliche Aromen auf den Teller –
mit süß-pikant mariniertem Lachs und
einer herrlichen Nudel-Bowl.*

Für 4–6 Portionen

Für die Lachsspieße
150 g Honig
50 g Tomatenmark
60 g brauner Zucker
100 ml Sojasauce
50 ml Reisweinessig
1 TL Sesamöl
1 TL Knoblauchpulver
50 g Sesamsamen
1 TL Speisestärke
600 g Wildlachsfilet

Für die Nudeln
200 g Asianudeln
  (z. B. Mie-Nudeln)
300 g Brokkoliröschen
1 rote Paprikaschote
2–3 Frühlingszwiebeln
1 EL Sesamöl
100 g grüne Bohnen
100 ml Gemüsebrühe
  (siehe S. 12)
Saft von 1 Limette

Außerdem
4–6 Holzspieße

1 Den Backofen auf 180 °C Ober- und Unterhitze vorheizen. Für die Lachs-Marinade Honig und Tomatenmark in einer Schüssel vermischen. Die restlichen Zutaten zugeben und gut verrühren. Das Lachsfilet in sechs bis acht Stücke schneiden, die Stücke auf Holzstäbchen spießen und rundherum mit der Marinade einstreichen. Die Lachsfilets in einer Ofenform 20–25 Minuten glasig backen.

2 In der Zwischenzeit die Nudeln nach Packungsanleitung kochen. Die Brokkoliröschen blanchieren. Für die Sauce Paprika in Streifen und Frühlingszwiebeln in feine Ringe schneiden. Sesamöl in einer Pfanne erhitzen. Paprika, Zwiebeln und Bohnen darin anschwitzen. Den Rest der Lachs-Marinade in einer Schüssel mit der Gemüsebrühe und dem Limettensaft verrühren. Die Flüssigkeit in die Pfanne geben und kurz köcheln lassen.

3 Die Nudeln abgießen und mit dem Brokkoli in die Pfanne zum Gemüse geben. Gut vermengen. Nudeln und Gemüse in einer Bowl anrichten und mit den Lachsspießen servieren.

ERBSENSUPPE

Ob nach der langen Wanderung, dem Workout
im Freien oder einfach zum Feierabend: Der Klassiker
im neuen Gewand ist Soulfood pur.

Wenn es Soulfood
sein muss

1 Das Gemüse in Stücke schneiden. Die Butter in einem großen Topf erhitzen und Lauch, Knoblauch, Zwiebel und Sellerie sowie die Hälfte der Erbsen darin anschwitzen. Die Brühe angießen und 20 Minuten köcheln lassen, bis das Gemüse weich ist.

2 Die Suppe pürieren. Anschließend Balsamico und Gewürze zufügen und weitere 30 Minuten köcheln lassen. Die Suppe dickt beim Kochen etwas ein, daher ggf. etwas Wasser zugeben, bis die gewünschte Konsistenz erreicht ist.

3 Die restlichen Erbsen in die Suppe geben und fünf Minuten köcheln lassen. Mit den Kräutern und saurer Sahne servieren.

Für 4–6 Portionen

2 Stangen Lauch
1 große Knoblauchzehe
1 Zwiebel
1 daumengroßes Stück
  Sellerie
100 g Butter
800 g Erbsen
800 ml Gemüsebrühe
  (siehe S. 12)
1 EL Balsamico
1 TL gemahlener
  schwarzer Pfeffer
2 TL Paprikapulver
1 TL Meersalz
1 EL gehackte Petersilie
1 EL Minze
50 g saure Sahne

Käsenudeln mit Kräutern

Geschmolzener Käse macht glücklich!
Glaubst du nicht? Probiere es gleich aus mit diesen herrlich
cremig-würzigen Kräuter-Käse-Nudeln.

Sweet dreams are
made of cheese

Für 4 Portionen

30 g Butter
1 EL Mehl
400 ml Milch
3 Knoblauchzehen
je 50 g geriebener Cheddar
  und Gouda
30 g geriebener Parmesan
1 TL Salz
1 TL Pfeffer
1 Msp. Muskatnuss
1 TL Worcestersauce
1 TL Petersilie
1 TL Basilikum
300 g Nudeln

1 Die Butter in einem Topf bräunen, Mehl zugeben und kurz rösten. Mit der Milch ablöschen und kurz köcheln lassen.

2 Den Knoblauch hacken und mit Käse, Gewürzen, Worcestersauce und Kräutern zugeben. Bei niedriger Temperatur 20 Minuten ziehen lassen, dabei gelegentlich umrühren.

3 In der Zwischenzeit die Nudeln bissfest kochen, abgießen und in die Sauce geben. Abschmecken und servieren.

Für uns

Es gibt viele Anlässe, um kulinarisch gemeinsam Zeit zu verbringen. Dann kochen und naschen wir zusammen, decken gemeinsam den Tisch, erinnern, lachen und necken uns. Und danach bewältigen wir auch den Geschirrberg gemeinsam! Diese Momente bleiben in Erinnerung und machen uns glücklich.

Gefüllte KÜRBISSE

Lass dir nicht einreden, der Herbst sei nur grau und trist. Zaubere den bunten Blätterwald mit diesen gefüllten Kürbissen auch auf die Teller.

Für 6 Portionen

- 50 g Basmatireis
- 2 EL Olivenöl
- 500 g Rindertatar
- 50 g Pekannüsse
- je 1 TL Salbei, Estragon und Thymian
- 3 Frühlingszwiebeln
- 3 Knoblauchzehen
- 50 g Butter
- 200 g braune Champignons
- 400 g Babyspinat
- 1 Msp. Muskatnuss
- 1 TL Cayennepfeffer
- 1 TL grob gemahlener schwarzer Pfeffer
- 1 TL Meersalz
- 1 EL Paprikapulver
- 280 g Ricotta
- 100 g Parmesan
- 6–8 kleine Speisekürbisse (z. B. Hokkaido oder Buttercup)

1 Den Reis nach Packungsanleitung bissfest kochen, abgießen und beiseite stellen. Das Olivenöl in einer Pfanne erhitzen. Das Tatar darin krümelig anbraten und anschließend in eine große Schüssel geben. Die Pekannüsse grob hacken und mit den Kräutern in derselben Pfanne anschwitzen. Zum Tatar in die Schüssel geben.

2 Die Frühlingszwiebeln fein aufschneiden, den Knoblauch hacken und in einer Pfanne mit Butter bräunlich rösten. Die Champignons vierteln, in die Pfanne geben und von allen Seiten braten. Den Spinat mit den Gewürzen zufügen und anschwitzen. Den Pfanneninhalt mit dem Tatar in der Schüssel vermengen. Abkühlen lassen. Zum Schluss Ricotta, Parmesan und Reis unterheben.

3 Den Backofen auf 180 °C Umluft vorheizen. Die Kürbisse waschen und waagerecht einen Deckel mit dem Stielansatz abschneiden. Die Kürbisse entkernen. Die Füllung auf die Kürbisse verteilen. Die Kürbisse 30–40 Minuten backen und sofort servieren.

Pizza mit Käserand

Traditionen sollte man pflegen. Ein wöchentlich wiederkehrendes gemeinsames Pizzabacken kann zu einem herzhaft beglückenden Freitagsfeierabend dazugehören. Also Ofen vorheizen, Nudelholz schwingen und die Pizza genießen.

Hurray, it's Pizzaday!

Für 3 Pizzen (ø 20 cm)

Für den Teig
30 g frische Hefe
1 EL Honig
240 ml lauwarmes Wasser
530 g Weizenmehl (Type 550)
60 ml Olivenöl plus etwas
   zum Einreiben
1 TL Meersalz

Für die eingelegten Tomaten
150 g Kirschtomaten
1 Knoblauchzehe
5–6 Basilikumblätter
3 EL Olivenöl

Für den Belag
200 g geriebener Mozzarella
100 g geriebener Cheddar
6–8 EL Tomatensauce (siehe S. 14)
100 g geriebener Parmesan
etwas gehackter Oregano

1 Für den Teig Hefe und Honig in einer Schüssel verrühren. Lauwarmes Wasser zufügen und rühren, bis sich die Hefe aufgelöst hat. Abgedeckt zehn Minuten ruhen lassen. Mehl und anschließend Öl und Salz zugeben und mit der Hefemischung zu einem homogenen Teig verkneten. Die Hände mit etwas Olivenöl einreiben und den Teig kurz mit den Händen kneten, sodass er rundherum mit Olivenöl bedeckt ist. In der Schüssel abgedeckt eine Stunde gehen lassen.

2 Für die eingelegten Tomaten die Kirschtomaten halbieren, Knoblauch und Basilikum fein hacken und alles mit Olivenöl und etwas Salz in einer Schüssel vermengen. Bis zum Belegen der Pizza abgedeckt ziehen lassen.

3 Den Backofen mit Backblech auf 250 °C Umluft oder höher vorheizen. Den Teig in drei gleich große Stücke teilen. Die Stücke kreisförmig etwa doppelt so groß ausrollen wie später gewünscht und auf ein Stück Backpapier legen. 100 g Mozzarella sowie den Cheddar auf dem Rand der Pizzen verteilen. Den Rand über den Käse klappen und festdrücken.

4 Tomatensauce in die Mitte und etwas auf den Rand der Pizzen geben, darauf den restlichen Mozzarella und die Hälfte des Parmesan streuen. Die Tomaten auf den Pizzen verteilen. Mit dem restlichen Parmesan und Oregano bestreuen, zehn Minuten ruhen lassen, auf das heiße Blech legen und zehn bis 15 Minuten knusprig backen.

PARMESAN-
Ofenhühnchen

Dieses herrliche Ofengericht kannst du schon am Morgen vorbereiten und schiebst es vor dem Eintreffen der Gäste nur noch in den Ofen. So hast du Zeit für deine Freunde und kannst deren Gesellschaft ohne Ablenkung genießen.

Die Freundschaft feiern

1 Den Backofen auf 160 °C Ober- und Unterhitze vorheizen. Salz, Pfeffer, Paprikapulver und Mehl in einer Schüssel mischen. Die Hähnchenteile waschen, trocken tupfen und mit der Würzmischung einreiben. Butter in einer Pfanne erhitzen und die Hähnchenteile darin vier Minuten anbraten. Herausnehmen und beiseitestellen.

2 Den Bacon würfeln und in die noch heiße Pfanne geben. Die Zwiebel in Scheiben schneiden, die Champignons halbieren. Beides in die Pfanne geben und rösten. Mit Whiskey und Brühe ablöschen und die Kräuter zugeben. Sahne, Speisestärke und 75 g Parmesan zufügen und kurz köcheln lassen.

3 Die Süßkartoffeln schälen, in Stücke schneiden und in eine Ofenform legen. Die Pilz-Sahne-Sauce darüber gießen, darauf die Hähnchenstücke verteilen. Im Ofen zehn Minuten backen, dann den restlichen Parmesan über das Hähnchen streuen und 20–30 Minuten bei 200 °C fertig backen.

Für 4–6 Portionen

1 TL Meersalz
1 TL gemahlener schwarzer Pfeffer
1 TL Paprikapulver
1 TL Mehl
1,5 kg Hähnchenkeulen
    und Hähnchenbrüste
1 EL Butter
150 g Bacon
1 Zwiebel
300 g Champignons
100 ml Whiskey
150 ml Hühnerbrühe
2 Zweige Thymian
1 TL Oregano
200 g Sahne
1 TL Speisestärke
100 g geriebener Parmesan
1 kg Süßkartoffeln

TIPP
Anstelle der Champignons kannst du jedes beliebige Gemüse verwenden. Den Whiskey kannst du durch Brühe ersetzen.

Bagels
mit Lachs und Schinken

Was gibt es Schöneres am Wochenende als spät aufzustehen, Bagels zu backen und mit den Lieben gemütlich zu schlemmen? Herrlich!

Mit einem Brunch das Wochenende einläuten

Für 7–8 Bagels

Für die Bagels
4 g Trockenhefe
1 EL Honig
220 ml lauwarmes Wasser
500 g Weizenmehl (Type 550)
50 g Butter
1 TL Salz
1 Eigelb
1 EL Milch
2 EL Mohnsamen, Sesamsamen oder Haferflocken zum Bestreuen

Für den Kräuterfrischkäse
1 kleine rote Zwiebel
200 g Frischkäse
1 EL frisch gehackter Dill
1 EL frisch gehackter Schnittlauch
1 TL frisch gehackte Petersilie
Abrieb von ½ Bio-Zitrone
1 TL Salz
1 TL gemahlener schwarzer Pfeffer

Für den Belag
100 g Tomaten
1 Gurke
1 rote Zwiebel
150 g Räucherlachs
150 g gekochter Schinken
gehackter Dill zum Bestreuen

1 Am Vorabend für den Teig Hefe, Honig und Wasser in einer Schüssel verrühren und ruhen lassen, bis sich Bläschen bilden. Mehl, Butter und Salz zufügen und alles gut verkneten. Den Teig abgedeckt eine Stunde bei Zimmertemperatur gehen lassen.

2 Den Teig in Stücke à 90 g teilen und die Teiglinge rund ausrollen (ø ca. 6 cm). Mit einem Holzstab in der Mitte einstechen und das Loch mit den Händen auf ca. 3 cm Durchmesser weiten. Die Bagels auf Backpapier und abgedeckt über Nacht (ca. 8 Stunden) in den Kühlschrank stellen.

3 Am Morgen die Bagels 30 Minuten bei Zimmertemperatur ruhen lassen. Den Backofen auf 250 °C Umluft vorheizen. Wasser in einem großen Topf aufkochen und die Bagels darin einzeln 30 Sekunden von jeder Seite köcheln lassen. Die Bagels anschließend auf ein mit Backpapier ausgelegtes Backblech legen. Eigelb und Milch in einer Schüssel verquirlen. Die Bagels damit einpinseln und mit Haferflocken, Sesam oder Mohn bestreuen. 15–18 Minuten goldbraun backen.

4 Für den Kräuterfrischkäse die Zwiebel fein hacken und mit den restlichen Zutaten in einer Schüssel vermischen.

5 Zum Belegen Tomaten, Gurke und Zwiebel in Scheiben schneiden. Die Bagels mit Frischkäse bestreichen, mit Lachs oder Schinken, Tomate, Gurke und Zwiebelscheiben belegen und mit Dill bestreuen.

Aus dem Raclette-Pfännchen

Wie wäre es mit einer Variante für die Schlemmerrunde an Silvester? Mit Hefeteig und verschiedenen Saucen gibt es Pizza, Flammkuchen oder Kräuterbrot aus dem Pfännchen.

Für die Silvesterparty

Für 4–6 Portionen

1 Grundrezept Hefeteig (siehe S. 6)

Für die Frischkäsecreme
2–3 Frühlingszwiebeln
200 g Crème fraîche
1 EL frische Petersilie
1 TL Knoblauchpulver
1 EL geriebener Parmesan

Für die Blitz-Tomatensauce
1 kleine Zwiebel
2 EL Olivenöl
70 g Tomatenmark
1 TL Knoblauchpulver
1 TL Oregano
½ TL Puderzucker

Für die Kräuterbutter
100 g Butter, weich
2 EL Olivenöl
2 TL gehackte Petersilie
½ TL Kerbel
½ TL Basilikum
1 TL Knoblauchpulver
Salz
gemahlener schwarzer Pfeffer

Für den Belag
200 g geriebener Gouda
100 g geriebener Parmesan
100 g Schinkenwürfel
100 g Salami oder Schinken
 in Scheiben
Paprikastreifen, Gurkenscheiben,
 Tomatenscheiben

1 Den Hefeteig zubereiten und zwei Stunden gehen lassen. In 24 Stücke à 30 g teilen. Die Stücke zu Kugeln formen, auf ein leicht geöltes Backblech legen und abgedeckt beiseitestellen.

2 Für die Frischkäsecreme die Frühlingszwiebeln fein hacken und mit den restlichen Zutaten in einer Schüssel vermengen. Mit Salz und Pfeffer würzen und 30 Minuten ziehen lassen.

3 Für die Tomatensauce die Zwiebel fein hacken und in einem Topf in Olivenöl anschwitzen. Die restlichen Zutaten zugeben, mit Salz und Pfeffer würzen und unter Rühren fünf Minuten köcheln lassen, ggf. etwas Wasser zufügen.

4 Für die Kräuterbutter alle Zutaten in einer Schüssel mit einer Gabel vermengen und ein bis zwei Stunden oder über Nacht ziehen lassen.

5 Die Teiglinge in die Raclettepfännchen legen. Mit Tomatensauce, Frischkäsecreme oder Kräuterbutter bestreichen und nach Wunsch mit Schinken, Salami, Käse, Tomaten, Gurke oder Paprika belegen.

6 Die Pfännchen zunächst ein bis zwei Minuten auf die Grillplatte stellen, anschließend vier bis fünf Minuten ins Raclette schieben.

Marinierte Grillspieße

Heute wird gegrillt – mit Filet- oder Gemüsespießen in leckeren Marinaden. Die Spieße lassen sich gut vorbereiten und nach dem Eintreffen der Gäste einfach auf den Grill legen.

Grill dich glücklich

1 Für die Spieße Fleisch und Paprika in mundgerechte Stücke schneiden. Die Zwiebeln achteln. Die Maiskolben jeweils in drei gleich große Stücke schneiden, die Champignons halbieren. Die Zucchini mit dem Gemüseschäler in Streifen schneiden. Die Mozzarellakugeln jeweils in einen Zucchinistreifen wickeln.

2 Immer jeweils abwechselnd Fleisch, Paprika und rote Zwiebel, Maiskolbenstücke und Zwiebeln sowie Zucchini-Mozzarella und Champignons auf die Schaschlikspieße schieben. Dazwischen auf jeden Fleischspieß einen Rosmarinzweig stecken.

3 Für die Kräutermarinade die Knoblauchzehen fein hacken und mit den restlichen Zutaten in einer Schüssel vermengen. Die Rinderfiletspieße mit der Marinade bestreichen und eine Stunde ziehen lassen.

4 Für die Chili-Marinade Knoblauch und Chilischoten fein hacken und mit den restlichen Zutaten in einer Schüssel vermengen. Die Maisspieße rundherum mit der Marinade bestreichen und eine Stunde ziehen lassen.

5 Für die Zitronenmarinade die Zutaten in einer Schüssel verrühren. Die Zucchini-Spieße damit rundherum bestreichen und eine Stunde ziehen lassen.

6 Die Spieße nach Belieben grillen. Alternativ auf einem mit Backpapier ausgelegten Backblech im auf 220 °C Umluft vorgeheizten Backofen 20–25 Minuten garen.

Für 4–6 Portionen (24 Spieße)

Für die Spieße
500 g Rinderfilet
1 Paprikaschote
4 rote Zwiebeln
2 Maiskolben
200 g braune Champignons
2 Zucchini
200 g kleine Mozzarellakugeln
12 Zweige Rosmarin

Für die Kräuter-Marinade
2 Knoblauchzehen
70 ml Olivenöl
1 Handvoll gehackte Basilikumblätter
2 EL gehackte Petersilie
1 TL grob gemahlener
   schwarzer Pfeffer
2 TL Salz

Für die Chili-Marinade
4 Knoblauchzehen
2 Chilischoten
50 ml Olivenöl
1 TL Oregano
1 TL geräuchertes Paprikapulver
1 TL Pfeffer
1 TL Meersalz

Für die Zitronenmarinade
50 ml Olivenöl
1 TL Thymian
1 EL Basilikum
Abrieb und Saft von 1 Bio-Zitrone
1 TL Salz

Außerdem
24 Schaschlikspieße

~BURGER-SAUSE~

Ganz gleich, ob dein Herzensverein gewonnen hat oder nicht – mit diesen Burgern wird der Fußballabend für alle zu einem echten Volltreffer.

Für ein Fußballfest

Für jeweils 10 Burger

Für das Pulled Chicken
(Zutaten siehe S. 89)

Für die Hamburger
(Zutaten siehe S. 89)

Für die Caesar-Burger
(Zutaten siehe S. 89)

Für den Krautsalat
1 kleiner Weißkohl
1 kleiner Rotkohl
1 Zwiebel
3 Karotten
170 g Naturjoghurt
3 EL brauner Zucker
2 EL Essig
2 EL Senf
1 TL Salz
½ TL gemahlener
   schwarzer Pfeffer

Außerdem
BBQ-Sauce (siehe S. 15)
jeweils 10 Brioche-Brötchen
   (siehe S. 7)

1 Für das Pulled Chicken den Backofen auf 190 °C Ober- und Unterhitze vorheizen. Die Hähnchenschenkel waschen, trocken tupfen und in etwas Öl in einer Ofenpfanne von allen Seiten scharf anbraten. Herausnehmen. Die Zwiebel in Ringe schneiden, den Knoblauch hacken und in derselben Pfanne rösten. Mit Brühe und Apfelsaft ablöschen, Hähnchen zugeben. Die restlichen Zutaten in einer Schüssel mit den passierten Tomaten vermengen und über das Hähnchen gießen. Abgedeckt 80 Minuten im Ofen garen. Herausnehmen und das Fleisch vom Knochen lösen. Den Sud aufkochen, das Fleisch hineinlegen und über Nacht ziehen lassen.

2 Für die Hamburger Hackfleisch, Zwiebelpulver, Petersilie, Salz und Pfeffer in einer Schüssel vermischen und zu zehn runden und ca. 2 cm dicken Burgern formen. Mit etwas Frischhaltefolie dazwischen stapeln und eine Stunde ins Gefrierfach legen. Angefroren auf dem Grill oder in etwas Öl in der Pfanne braten. Den Bacon in derselben Pfanne kross anbraten. Mit Salat, Cheddar, Tomaten, Zwiebeln, Bacon und Burger-Sauce auf den Brötchen anrichten.

3 Für die Caesar-Burger die Hähnchenbrustfilets waschen und trocken tupfen. Paprikapulver, Salz, Pfeffer und Olivenöl in einer Schüssel verrühren und die Hähnchenbrustfilets damit einreiben. Die Filets in einer Pfanne mit Öl oder auf dem Grill braten. Mit Tomaten, Caesar-Sauce, Eisbergsalat und Parmesan auf dem Brötchen anrichten.

4 Für den Krautsalat vom Kohl die äußeren Blätter entfernen, den Rest fein schneiden. Die Karotten raspeln, die Zwiebel in feine Ringe schneiden. Alle Zutaten in einer Schüssel vermengen und mit Salz und Pfeffer würzen. Pulled Chicken mit BBQ-Sauce auf dem Brötchen anrichten und mit dem Krautsalat servieren.

Für die Caesar-Burger
400 g Hähnchenbrustfilets
1 TL Paprikapulver
1 TL Meersalz
1 TL grob gemahlener
 schwarzer Pfeffer
3 EL Olivenöl
gehobelter Parmesan
Eisbergsalat
Tomaten
Caesar-Sauce (siehe S. 15)

Für die Hamburger
600 g Rinderhackfleisch
1 TL Zwiebelpulver
1 TL getrocknete Petersilie
1 TL Salz
1 TL Pfeffer
Öl zum Braten
100 g Bacon in Scheiben
Burger-Sauce (siehe S. 15)
Tomaten
Zwiebeln
Cheddar
Salat

Für das Pulled Chicken
600 g Hähnchenschenkel
Olivenöl zum Anbraten
1 rote Zwiebel
2 Knoblauchzehen
100 ml Gemüsebrühe
400 ml Apfelsaft
200 ml passierte Tomaten
1 EL Tomatenmark
2 EL Honig
1–2 EL gemahlener
 schwarzer Pfeffer
1 TL Cayennepfeffer
1 TL Meersalz
2 EL geräuchertes
 Paprikapulver
1 EL Oregano
1 TL Thymian
1 TL Rosmarin
1 TL Currypulver
1 Prise Zimt

PIMP *your* BURGER

Hähnchenschenkel
AUS DEM OFEN

Ein herzhafter Glücksmoment aus Hähnchenschenkeln, Kartoffeln, Gemüse und Kräutern. Schnell und lecker in einer Ofenform zubereitet, damit mehr gemeinsame Zeit mit der Familie bleibt.

Schlemmeressen für die Familie

Für 4–6 Portionen

- 600 g junge Kartoffeln
- 7–8 Karotten
- 2 Paprikaschoten
- 3 rote Zwiebeln
- 200 g grüne Bohnen
- 6 Hähnchenschenkel
- 3 Knoblauchzehen
- 1 kleines Stück Ingwer (1 cm)
- 1 TL Salz
- 1 EL Currypulver
- 1 EL Paprikapulver
- 3 Lorbeerblätter
- 1 EL Petersilie
- 1 TL Thymian
- 1 TL Estragon
- 1 TL Liebstöckel
- 2 EL Olivenöl
- 1 EL Tomatenmark
- 1 EL Speisestärke
- 200 ml Gemüsebrühe (siehe S. 12)
- 400 ml Kokosmilch
- Salz
- gemahlener schwarzer Pfeffer
- je 1 TL Basilikum und Petersilie

1 Den Backofen auf 200 °C Ober- und Unterhitze vorheizen. Die Kartoffeln halbieren, Karotten schälen. Karotten, Paprika und Zwiebeln in mundgerechte Stücke schneiden und mit Kartoffeln und Bohnen in eine große Ofenform geben.

2 Die Hähnchenschenkel waschen und trocken tupfen. Knoblauch und Ingwer fein hacken und mit den Gewürzen und Kräutern in einer Schüssel mischen. Das Fleisch zunächst mit Olivenöl und anschließend mit der Gewürzmischung einreiben. In die Form legen und 30 Minuten im Backofen garen.

3 Tomatenmark, Speisestärke, Gemüsebrühe und Kokosmilch in einer Schüssel verrühren. Mit Salz und Pfeffer würzen. Das Fleisch kurz aus der Ofenform nehmen, die Kokosmilch-Mischung mit dem Gemüse vermischen und das Fleisch mit der Haut nach oben zurück in die Form legen. Weitere 40 Minuten backen, bis die Kartoffeln goldbraun und das Hähnchen gar ist. Mit Pfeffer, Basilikum und Petersilie bestreuen und servieren.

NUDELNESTER
mit Köttbullar

*Pack die Sonnenbrille ein, wir machen einen Roadtrip!
Mit dabei leckerer Proviant, der Urlaubsgefühle weckt und
schwedische Leichtigkeit verbreitet.*

Für den Roadtrip

1 Für die Hackbällchen das Toastbrot in einer Schüssel in Milch einweichen. Die Zwiebel sehr fein hacken und in einer Pfanne in 1 EL Butter glasig dünsten. Die restlichen Zutaten, bis auf die Butter, in eine Schüssel geben. Das Toastbrot ausdrücken und mit den Zwiebelwürfeln zufügen. Alles zu einem homogenen Teig verkneten und 30 Minuten ziehen lassen.

2 Aus dem Teig zwölf kleine Kugeln formen und von allen Seiten in einer Pfanne in 1 EL Butter braun anbraten. Aus der Pfanne nehmen und beiseitestellen.

3 Für die Spaghetti-Sauce in derselben Pfanne die Butter leicht bräunen, das Mehl zufügen und kurz rösten. Mit Gemüsebrühe und Milch ablöschen, fünf Minuten köcheln lassen und mit Salz und Pfeffer würzen. In der Zwischenzeit die Spaghetti nach Packungsanleitung bissfest kochen und abgießen.

4 Die Muffinform fetten. Spaghetti, Sahne, Lorbeer und Zitronensaft in die Sauce geben und gut umrühren. Mit einer Gabel und einem Löffel die Pasta jeweils zu kleinen Nestern aufrollen und in die Muffinform geben. Die Hackbällchen in die Mitte der Spaghetti-Nester legen und mit Gouda bestreuen.

5 Den Backofen auf 200 °C Umluft vorheizen. Die Nester 20 Minuten backen. Danach mit einem Esslöffel vorsichtig aus der Form heben. Mit Petersilie bestreuen und warm oder kalt genießen.

Für 12 Köttbullar-Nester

Für die Hackbällchen
1 Scheibe Toastbrot
50 ml Milch
1 Zwiebel
2 EL Butter
250 g Rinderhackfleisch
1 TL Mehl
1 Eigelb
1 TL gemahlener schwarzer Pfeffer
½ TL gemahlener Ingwer
½ TL Muskatnuss
1 TL Paprikapulver
1 TL gehackte Petersilie

Für die Spaghetti-Nester
30 g Butter plus etwas für die Form
1 TL Mehl
130 ml Gemüsebrühe (siehe S. 12)
100 ml Milch
Salz
gemahlener schwarzer Pfeffer
300 g Spaghetti
50 g Sahne
1 Lorbeerblatt, gehackt
1 Spritzer Zitronensaft
50 g geriebener Gouda
1 Bund Petersilie, gehackt

Außerdem
Muffinform mit 12 Mulden

Brezel-Bites mit Senf-Dip

In den Lieblingsfilm gemeinsam mit den Lieblingsmenschen eintauchen und sich dabei herzhaft von Brezel-Bites verwöhnen lassen. Wie herrlich sind doch solche Glücksmomente!

Für den Kinoabend zu Hause

Für 6–8 Portionen

Für den Teig
7 g Trockenhefe
75 ml lauwarme Milch
75 ml lauwarmes Wasser
30 g brauner Zucker
370 g Mehl (Type 550)
50 g weiche Butter plus
  1 TL zum Einreiben
1 Ei (Größe M)
1 TL Meersalz
1 Eigelb
1 EL Milch
grobes Meersalz, Sesam-
  oder Mohnsamen zum
  Bestreuen

Für die Lauge
450 ml Wasser
1 EL Meersalz
4 EL Backnatron

Für den Senf-Dip
2 EL körniger Dijon-Senf
3 EL Sahne
70 g geriebener Cheddar
½ TL Cayennepfeffer

1 Für den Teig die Hefe in einer kleinen Schüssel mit Milch, Wasser und Zucker mischen. Abgedeckt zehn Minuten ruhen lassen. Mehl und Butter in einer großen Schüssel krümelig vermengen. Hefemilch, Ei und Salz zufügen und fünf bis zehn Minuten zu einem lockeren Teig verkneten. Den Teig mit 1 TL Butter einreiben und abgedeckt in der Schüssel 90 Minuten an einem warmen Ort gehen lassen.

2 Den Teig erneut durchkneten. Zu 20 cm langen, fingerdicken Rollen formen. Die Rollen in 2 cm breite Stücke schneiden. Die Stücke auf ein mit Backpapier ausgelegtes Backblech legen.

3 Für die Lauge Wasser, Salz und Natron in einem Topf aufkochen. Mit dem Schaumlöffel jeweils einige Teiglinge 30–45 Sekunden in die sprudelnde Lauge tauchen, abtropfen lassen und zurück auf das Backblech legen.

4 Den Backofen auf 220 °C Umluft vorheizen. Eigelb und Milch in einer Schüssel verquirlen und die Oberfläche der Bites damit bestreichen. Nach Wunsch mit grobem Meersalz, Sesam oder Mohn bestreuen. Die Bites acht Minuten goldbraun backen.

5 Für den Senf-Dip alle Zutaten in einem Topf unter Rühren erhitzen, bis der Käse geschmolzen ist. Mit den Brezel-Bites servieren.

PASTARAGOUT
mit Chili

Zu zweit kochen, zu zweit genießen. Selbstgemachte Pasta und italienisches Bolognese-Ragout lassen uns die Kälte draußen schnell vergessen.

Für kuschelige Wintertage

1 Die Zwiebeln fein hacken, den Knoblauch durch die Presse drücken, die Karotten schälen und fein würfeln. Olivenöl in einem Topf erhitzen. Den Zucker einrühren und karamellisieren. Hackfleisch zugeben und krümelig braten. Zwiebel, Knoblauch und Karotte zugeben und kurz mitdünsten. Tomaten, Tomatenmark und Brühe zufügen und aufkochen. Chilischote fein hacken und mit Kräutern und Gewürzen zufügen. Die Sauce vier bis fünf Stunden bei niedriger Hitze köcheln lassen, dabei gelegentlich umrühren.

2 Den Pastateig in vier gleich große Stücke teilen. Die Stücke auf der bemehlten Arbeitsfläche, alternativ mit der Nudelmaschine, dünn ausrollen. Mit Mehl bestäuben und in 2 cm breite Streifen schneiden.

3 In einem Topf Wasser mit Salz sprudelnd aufkochen und die Pasta darin acht bis zehn Minuten bissfest kochen. Mit Sauce und Parmesan servieren.

Für 4–6 Portionen

Für das Ragout
2 rote Zwiebeln
2 Knoblauchzehen
4–5 Karotten
2 EL Olivenöl
1 EL brauner Zucker
500 g Rinderhackfleisch
400 ml gehackte Tomaten (Dose)
100 g Tomatenmark
300 ml Gemüsebrühe (siehe S. 12)
1 rote Chilischote
1 TL getrockneter Oregano
3 Lorbeerblätter
1 Handvoll gehacktes Basilikum
½ TL Piment d'Espelette
1 TL Paprikapulver
1 TL grob gemahlener schwarzer Pfeffer
Salz

Für die Pasta
1 Grundrezept klassischer Pastateig (siehe S. 10)
etwas Mehl für die Arbeitsfläche und zum Bestäuben

Außerdem
gehobelter Parmesan zum Servieren

97

Rinderfilet mit Ricotta-Ravioli

Groß auftischen muss gar nicht schwer sein! Wag dich an dieses Rinderfilet mit knuspriger Kräuterkruste und mach dazu die Ravioli selbst.

Für 4–6 Portionen

Für die Ravioli

1 Grundrezept Dreierlei Ravioliteig
  (siehe S. 11)
50 g gemahlene Mandeln (unblanchiert)
300 g Ziegenricotta
50 g getrocknete Tomaten
Abrieb von 1 Bio-Zitrone
25 g Pinienkerne
1 Handvoll gehacktes Basilikum
2 EL Olivenöl
1 Msp. Salz
1 TL gemahlener schwarzer Pfeffer
1 Msp. gemahlene Muskatnuss

Für die Sauce

30 g Butter
1 TL Mehl
100 ml Gemüsebrühe
200 g Sahne
400 g Spinat
1 Knoblauchzehe, fein gehackt
1 Msp. Salz
1 TL gemahlener schwarzer Pfeffer
30 g Parmesan

Für das Rinderfilet

3 EL fein gehackter Rosmarin
70 ml Olivenöl plus 2 EL zum Braten
1 EL Meersalz
1 EL gemahlener schwarzer Pfeffer
1 kg Rinderfilet
50 g Pinienkerne
1 trockenes Brötchen
1 Handvoll gehackte Petersilie
1 TL gehackter Thymian
25 g geriebener Parmesan
1 TL grob gemahlener schwarzer Pfeffer
Salz

1 Für die Ravioli den Ravioliteig vorbereiten (siehe S. 11). Für die Füllung die Mandeln in einer Pfanne ohne Fett leicht rösten. Ricotta, Tomaten, Zitronenabrieb, Pinienkerne, Basilikum und Olivenöl in einem hohen Gefäß pürieren. Mandeln und Gewürze unterrühren.

2 Den Pastateig jeweils halbieren, gut durchkneten, mit Mehl bestäuben und auf der bemehlten Arbeitsfläche 1 mm dünn ausrollen. In 4–5 cm große Quadrate schneiden. Jeweils ½ TL Füllung mit etwas Abstand zum Rand auf die Hälfte der Teigquadrate geben, die Teigränder mit Milch befeuchten. Ein zweites Teigquadrat auflegen und fest andrücken. Die Ravioli mit einem Ausstecher am Rand formen, auf ein bemehltes Blech legen und kalt stellen.

3 Für die Sauce Butter in einer hohen Pfanne erhitzen, Mehl zugeben und kurz rösten. Mit Gemüsebrühe und Sahne ablöschen. Spinat, Knoblauch und Gewürze zugeben und fünf Minuten köcheln lassen. Zum Schluss den Parmesan einrühren.

4 Für das Rinderfilet 2 EL Rosmarin, 70 ml Olivenöl, Meersalz und Pfeffer in einer Schüssel mischen. Das Filet damit einreiben. Den Backofen auf 80 °C Ober- und Unterhitze vorheizen. Öl in einer Pfanne erhitzen. Das Filet von allen Seiten scharf anbraten, auf ein Backblech legen, mit Pfeffer würzen und 60–70 Minuten im Ofen garen.

4 Die Pinienkerne in einer Pfanne rösten. Mit dem Brötchen grob mahlen, mit den restlichen Kräutern und Parmesan vermischen und mit Salz und Pfeffer würzen. Das Fleisch damit überziehen und zehn Minuten bei 180 °C unter dem Backofengrill knusprig backen. In der Zwischenzeit die Ravioli in sprudelndem Salzwasser ca. neun Minuten garen. Mit Sauce und Rinderfilet servieren.

TIPP
Die Mini-
Brötchen kannst
du auch ohne Füllung
backen und mit
Würstchen und Käse
separat servieren.

MINI-HOTDOGS

*Ein kleiner Snack darf auch am Spieleabend nicht fehlen.
Damit die Hände sauber bleiben, werden die Würstchen einfach direkt
in die Hotdog-Brötchen eingebacken.*

1 Für den Teig lauwarme Milch, Hefe und Honig in einer kleinen Schüssel vermischen und etwas ruhen lassen, bis sich Bläschen bilden. Mehl, Butter, Ei und Salz in einer großen Schüssel mit der Hefemilch zu einem Teig verkneten. Abgedeckt 90 Minuten gehen lassen.

2 Für die Sauce und den Ketchup die Zutaten jeweils in einer Schüssel verrühren. Die Würstchen in 25 gleich große Stücke schneiden, die Cheddarscheiben in 25 Stücke schneiden.

3 Den Backofen auf 180 °C Ober- und Unterhitze vorheizen. Den Teig in 25 gleich große Stücke teilen. Die Teiglinge flachdrücken. Ein Stück Cheddar und ein Würstchen darauf legen. Den Teig um die Füllung zusammendrücken. Die Hotdogs auf ein mit Backpapier ausgelegtes Backblech legen. Eigelb und Milch in einer Schüssel verquirlen. Die Hotdogs damit einpinseln und nach Wunsch mit Sesam bestreuen. 15–20 Minuten goldbraun backen. Mit Sauce, Ketchup, gerösteten Zwiebeln und dänischen Gurken servieren.

Für 25 Stück

Für die Brötchen
200 ml lauwarme Milch
7 g Trockenhefe
1 EL Honig
450 g Weizenmehl (Type 550)
50 g Butter
1 Ei (Größe M)
1 Msp. Salz
1 Eigelb
1 EL Milch
1 EL Sesamsamen zum
  Bestreuen (optional)

Für die Sauce
50 ml Mayonnaise
2 EL Senf
1 EL Honig
1 TL Essig
1 Msp. Paprikapulver

Für den Ketchup
100 g Tomatenmark
2–3 EL Ahornsirup
1 EL Essig
1 TL Zwiebelpulver
1 TL Salz

Außerdem
400 g Wiener Würstchen
ca. 10 Scheiben Cheddar
100 g geröstete Zwiebeln
  (Fertigprodukt)
Gurkenscheiben dänische
  Art (Glas)

101

Karibische Reispfanne
MIT MANGO-SALSA

*Der nächste Urlaub liegt noch in weiter Ferne?
Träume dich mit dieser exotischen Reispfanne zu türkis-
farbenem Meer, Palmen und weißen Sandstränden.*

Für 4–6 Portionen

Für die Mango-Salsa

1 Mango
1 Avocado
½ kleine rote Zwiebel
Saft von 1 Limette
3 EL Olivenöl
1 EL Honig
1 EL frisch gehackte Petersilie
1 TL Meersalz
½ TL gemahlener schwarzer Pfeffer

Für die Reispfanne

600 g Hähnchenbrust
50 ml Olivenöl plus 1 EL
2 EL Jerk-Gewürz (siehe S. 17)
2 Knoblauchzehen, gehackt
3 EL Sojasauce
2 EL Limettensaft
1 EL Apfelessig
2 EL Honig
1 TL Salz
1 TL gemahlener schwarzer Pfeffer
½ Ananas
1 Mango
4 Frühlingszwiebeln
50 ml Pflanzenöl
400 ml Kokosmilch
400 ml Gemüsebrühe (siehe S. 12)
200 g Basmatireis
400 g Kidneybohnen (Dose)
200 g schwarze Bohnen (Dose)
Saft von 1 Limette
1 EL frisch gehackte Petersilie
Salz, Pfeffer

1 Für die Mango-Salsa Mango und Avocado schälen, entsteinen und das Fruchtfleisch fein würfeln. Die Zwiebel hacken. Alle Zutaten in einer Schüssel vermischen und abgedeckt eine Stunde ziehen lassen.

2 Für die Reispfanne das Hähnchen waschen, trocken tupfen, in Streifen schneiden und mit Olivenöl, Jerk-Gewürz, Knoblauch, Sojasauce, Limettensaft, Essig, Honig, Salz und Pfeffer in einer großen Schüssel vermengen. Abdecken und 30 Minuten marinieren.

3 Ananas und Mango schälen und grob würfeln. Drei Frühlingszwiebeln in kleine Stücke schneiden. Das Pflanzenöl in einer Pfanne erhitzen und das Hähnchen darin von allen Seiten scharf anbraten. Das Fleisch herausnehmen und beiseitestellen. Die Frühlingszwiebeln in derselben Pfanne anschwitzen. Mango und Ananas zugeben, mit Kokosmilch und Brühe ablöschen. Ungekochten Reis zugeben und die Hähnchenteile auf den Reis legen. 30 Minuten bei geringer Hitze köcheln lassen. Die Bohnen zugeben und weitere fünf Minuten köcheln lassen. Mit Jerk-Gewürz sowie Limettensaft, Petersilie, Salz und Pfeffer abschmecken. Die restliche Frühlingszwiebel hacken und darüberstreuen. Mit der Salsa servieren.

Cheesecake-Creme im Glas

*Nach den herzhaften Glücksmomenten fehlt noch ein süßer:
Die Cheesecake-Creme kannst du mit drei Saucen verfeinern.*

Cheesecake-Creme

Für 6 Gläser (à 220 ml)

200 g Vollkornbutterkekse
   oder Schokoladenkekse
90 g Butter, geschmolzen
150 g Sahne
80 g Zucker
1 EL Vanillezucker
400 g Frischkäse
   (Doppelrahmstufe)

1 Die Kekse im Mixer grob zerkleinern und in einer Schüssel mit der Butter mischen. Die Masse auf die Gläser verteilen, mit einem Löffel den Boden andrücken und kalt stellen.

2 Sahne mit Zucker und Vanillezucker in einer Schüssel steif schlagen. Den Frischkäse unterheben. Die Masse je nach Sauce verfeinern, in einen Spritzbeutel füllen und abwechselnd mit der jeweiligen Sauce in die Gläser schichten. Bis zum Servieren kalt stellen.

Schokoladen-Dessert

25 g Butter
100 g Sahne
50 g Zucker
50 g Zartbitterschokolade
50 g Schokokekse

1 Für die Sauce Butter, Sahne und Zucker in einem Topf erhitzen. Die Schokolade unter Rühren darin schmelzen. Abkühlen lassen.

2 Den Schokokeks-Boden und die Cheesecake-Creme nach Grundrezept zubereiten. 50 g Schokekse grob pürieren und unter die Creme heben. Boden, Creme und Sauce in die Gläser schichten.

Zitronen-Dessert

Saft von 2 Zitronen
100 ml Maracujasaft
2 EL Zucker
1 TL Speisestärke
Abrieb von 1 Bio-Zitrone

1 Für die Sauce Zitronen- und Maracujasaft mit dem Zucker in einem Topf aufkochen. Speisestärke mit Wasser glattrühren und in die köchelnde Flüssigkeit einrühren. Unter Rühren eindicken und abkühlen lassen.

2 Boden und Cheesecake-Creme nach Grundrezept zubereiten, die Creme mit dem Zitronenabrieb vermischen. Boden, Creme und Sauce in die Gläser schichten.

Apfel-Dessert

3 Äpfel
100 ml Apfelsaft
50 g brauner Zucker
1 ½ TL Zimt
1 TL Speisestärke

1 Für die Sauce die Äpfel schälen, vom Kerngehäuse befreien, klein schneiden und mit Apfelsaft, Zucker und ½ TL Zimt in einem Topf zehn Minuten köcheln lassen. Die Speisestärke mit etwas Wasser glattrühren und in die köchelnde Flüssigkeit einrühren. Unter Rühren eindicken und abkühlen lassen.

2 Den Boden und die Cheesecake-Creme nach Grundrezept zubereiten und jeweils mit ½ TL Zimt verrühren. Boden, Creme und Sauce in die Gläser schichten.

Fruchtige Drinks

Mit Fruchtsirups kannst du Mineralwasser, Limonade, Sekt, Gin, Wodka oder leckere Cocktails mixen. Für jeden Anlass machst du so den passenden Drink.

Für ca. 500 ml

200 g Fruchtfleisch
 (z. B. Beeren, Apfel, Birne,
 Maracuja)
200 ml Wasser
100 g Zucker
Saft von ½ Zitrone
Mark von ½ Vanilleschote

Grundrezept Sirup

1 Das Fruchtfleisch in einem Topf mit Wasser, Zucker, Vanillemark und Zitronensaft aufkochen und zehn Minuten auf mittlerer Hitze köcheln lassen.

2 Die Masse durch ein Sieb streichen und abkühlen lassen. In ein sterilisiertes Glasgefäß füllen und luftdicht verschließen.

Für 1 Cocktail

6 cl Maracjuasirup
1 cl Zitronensaft
6 cl Weinaperitif
4–5 Eiswürfel
Wild-Berry-Limonade
 zum Aufgießen
1 Zitronenscheibe

Maracujacocktail mit Wild Berry

Sirup, Saft und Weinaperitif im Shaker gut schütteln. Eiswürfel in ein Glas geben, die Mischung darübergießen, mit Limonade aufgießen und mit einer Zitronenscheibe servieren.

Für 1 Drink

2–3 Eiswürfel
1 EL Blaubeeren
4 cl Blaubeersirup
3 cl Gin
Mineralwasser zum Aufgießen

Blueberry Sprizz

Eiswürfel und Blaubeeren in ein hohes Glas geben. Den Sirup darüber gießen, Gin zugeben und mit Mineralwasser aufgießen.

Für 4–6 Portionen

800 ml Wasser
2 Beutel Tee, Geschmack
 nach Wunsch
200 ml Erdbeersirup
2–3 Stängel Minze
4–5 Eiswürfel
1 Zweig Rosmarin

Erdbeer-Eistee

Das Wasser in einem Topf aufkochen, die Teebeutel zugeben, ziehen lassen und entfernen. Den Erdbeersirup in einen Krug geben, mit dem Tee aufgießen. Abkühlen lassen. Die Minze mit den Eiswürfeln in den Krug geben. Eiskalt servieren. Mit Rosmarin dekorieren.

REGISTER

Buchempfehlungen für Sie

ISBN 978-3-7724-8047-8

ISBN 978-3-7724-8053-9

ISBN 978-3-7724-8057-7

ISBN 978-3-7724-8052-2

ISBN 978-3-7724-8051-5

ISBN 978-3-7724-8041-6

ISBN 978-3-7724-8061-4

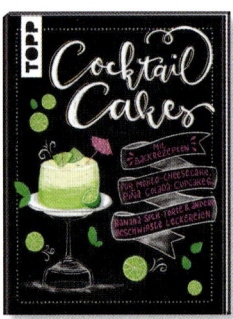

ISBN 978-3-7724-8056-0

ISBN 978-3-7724-8055-3

ISBN 978-3-7724-8050-8

Weitere Ideen zum Selbermachen gesucht?

Lieblingsstücke von einfach bis einfach genial finden Sie bei TOPP!
Lassen Sie sich auf unserer Verlagswebsite, per Newsletter
oder in den sozialen Netzwerken von unserer Vielfalt inspirieren!

Website

Verlockend: Welcher Kreativratgeber soll es für Sie sein? Schauen Sie doch auf **www.TOPP-kreativ.de** vorbei & stöbern Sie durch die neusten Hits der Saison!

TOPP-Autoren

Sie wollen wissen, wer die „Macher" unserer Bücher sind? Wer Ihnen nützliche Tipps & Tricks gibt? Auf **www.TOPP-kreativ.de/Autor** warten jede Menge spannender Infos zum jeweiligen Autor auf Sie. Finden Sie heraus, welches Gesicht hinter Ihrem Lieblingsbuch steckt!

Facebook

Werden Sie Teil unserer Community & erhalten Sie brandaktuelle Informationen rund ums Handarbeiten auf **www.Facebook.com/Mitstrickzentrale**
Wer sich für Basteln, Bauen, Verzieren & Dekorieren interessiert, ist auf **www.Facebook.com/Bastelzentrale** genau richtig!

Pinterest

Sie sind auf der Jagd nach den neusten Trends? Sie suchen die besten Kniffe? Die schönsten DIY-Ideen? All das & noch vieles mehr gibt es von TOPP auf **www.Pinterest.com/Frechverlag**

Newsletter

Bunt, fröhlich & überraschend: Das ist der TOPP-Newsletter! Melden Sie sich unter: **www.TOPP-kreativ.de/Newsletter** an & wir halten Sie regelmäßig mit Tipps & Inspirationen über Ihr Lieblingshobby auf dem Laufenden!

Extras zum Download in der Digitalen Bibliothek

Viele unserer Bücher enthalten digitale Extras: Tutorial-Videos, Vorlagen zum Downloaden, Printables & vieles mehr. Dieses Buch auch? Dann schauen Sie im Impressum des Buches nach. Sofern ein Freischaltcode dort abgebildet ist, geben Sie diesen unter **www.TOPP-kreativ.de/DigiBib** ein. Nach erfolgreicher Registrierung erhalten Sie Zugang zur digitalen Bibliothek & können sofort loslegen.

YouTube

Sie wollen eine ganz neue Technik ausprobieren? Sie arbeiten an einem spannenden Projekt, aber wissen nicht weiter? Unsere Tutorials, Werbetrailer, Interviews & Making Of's auf **www.YouTube.com/Frechverlag** helfen Ihnen garantiert dabei, den passenden Ratgeber von TOPP zu finden.

Instagram

Sie sind auf Instagram unterwegs? Super, TOPP auch. Folgen Sie uns! Sie finden uns auf **www.Instagram.com/Frechverlag**
Möchten Sie uns an Ihrem Lieblingsprojekt teilhaben lassen? Am besten posten Sie gleich ein Foto mit dem Hashtag **#frechverlag** & wir stellen Ihr Werk gerne unserer Community vor – yeah!

Alles in einer Hand gibt's hier:

Kreativ-Bücher finden Sie auf www.TOPP-kreativ.de

Autorin

Wenn Sarah Zahn sich nicht gerade durch die Küchen der Welt kocht oder ihre Küchenmaschine zum Glühen bringt, schreibt sie womöglich den nächsten Beitrag für ihren Blog „Das Knusperstübchen". Oder sie steht gerade in ihrem kleinen Fotozimmer und hält ihre Leckereien für ihre Leser bildlich fest. Vielleicht tüftelt sie aber auch an der nächsten Digital-Content-Idee für ihren Arbeitgeber oder sie lässt sich den Ostseewind um die Nase wehen. Eins ist gewiss: Alles was Sarah tut, macht sie mit viel Herzblut und Leidenschaft.
Noch mehr herzhafte und süße Rezepte von Sarah findest du auf www.knusperstuebchen.net

Dank

Mit diesem Buch ist ein kleiner Traum wahr geworden und es so umsetzen zu können, verdanke ich einigen Herzensmenschen. Allen voran danke ich meinem Chaosbeseitiger Alex, der mir beim Einkaufen, Zusammenstellen, Aufräumen und Verkosten geholfen hat. Ein besonderer Dank geht darüber hinaus an die liebe Julia, die mir nicht nur ihre Hände für die Bilder, sondern auch ihr Auge fürs Detail geliehen und mich immer mit so viel Liebe und Hingabe unterstützt hat. Vielen Dank Tom! Vielen Dank allen Freunden und Familienmitgliedern, die hier und da probieren, begutachten und gut zureden mussten. Vielen Dank an meine Projektmanagerin Magda und natürlich Lektorin Christine, die mir beide mit solcher Ruhe und Geduld zur Seite standen. Ein besonderer Dank geht letztendlich an euch, liebe Blogleser und Blogleserinnen, die ihr die gesamte Zeit mitfieberit und mir treu geblieben seid. Ohne euch alle wäre dieses Herzensprojekt nicht möglich!

112

KREATIV-HOTLINE

Hilfestellung zu allen Fragen, die Materialien und Bücher zu kreativen Hobbys betreffen:
Frau Erika Noll berät Sie. Rufen Sie an oder schreiben Sie eine E-Mail!

Telefon: 0 50 52 / 91 18 58*
*normale Telefongebühren
E-Mail: mail@kreativ-service.info

Vorlagen-Download in der TOPP Digitalen Bibliothek online
Die Vorlagen für die Topper, Banderolen und anderen Dekoelemente findest du nach erfolgter Registrierung in deiner Digitalen Bibliothek: www.topp-kreativ.de/digibib
Der Freischaltcode lautet: 17350

Impressum

Rezepte & Fotos: Sarah Zahn
Coverfoto: Sarah Zahn
Illustrationen: Ludmila Blum, www.bunte-galerie.de (Dekoelemente); Adobe Stock: dariaustiugova (S. 101 [Senf]), kamenuka (S. 42, 68 [Brokkoli]), Sonya illustration (S. 20, 30, 38, 41, 66 [Zucchini], 78 [Tomaten], 101 [Gurke]), tada (S. 24 [Petersilie], 52, 56, 66 [Thymian], 72, 78 [Kräuter], 98), vaneeva (S. 62, 101 [Ketchup]). Alle übrigen: Designed by freepic

Produktmanagement: Magdalena Wassen
Lektorat: Dr. Christine Schlitt
Herstellung: Katrin Röhlig
Umschlaggestaltung: Katrin Röhlig
Innengestaltung & Satz: Claudia Adam Graphic Design, Darmstadt
Druck & Bindung: Livonia Print SIA, Lettland

3. Auflage 2019
© 2019 frechverlag GmbH, Turbinenstraße 7, 70499 Stuttgart
ISBN 978-3-7724-8058-4
Best.-Nr. 8058